당신의 성별은 무엇입니까?

당신의 성별은 무엇입니까?

민나리 · 김주연 · 최훈진 지음

대답해도 듣지 않는 학교를 떠납니다,
청소년 트랜스젠더 보고서

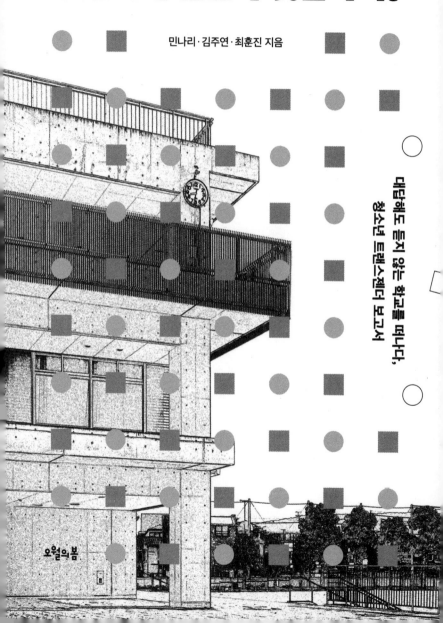

오월의봄

'당신의 성별은 무엇입니까?' 이 질문은 성정체성을 고민하거나 트랜스젠더로 정체화한 이들에게 상처로 다가오는 경우가 대부분이다. 그저 질문일 뿐인데도 숨이 턱 막힐 정도로 긴장하게 된다. 단순한 호기심과 보기에 불편하다는 의미만을 담고 있기 때문일까. 나 또한 어떻게 한 방 먹이면서 질문 자체가 폭력임을 알려줄 수 있을지 대응 방법을 고민했을 정도로 이 질문이 싫었다. 그런데 이 책을 통해 처음으로 같은 질문을 다르게 느꼈다. 단순한 호기심과 불편함이 아니라 트랜스젠더인 '당신'을 있는 그대로 바라보겠다는 지지와 존중의 의미로 새롭게 읽혔기 때문이다.

누구보다 평범한 일상을 원하는 청소년 혹은 비청소년 트랜스젠더를 향한 사회의 눈초리는 여전히 날카롭기만 하다. 10년이면 강산도 변한다는데 서른여섯 살 트랜스젠더 당사자인 내가 20년 전에 경험한 서글픈 일들을 지금의 청소년 트랜스젠더들도 그대로 겪고 있다. 이 사실이, 변함없이 제자리에서 미동조차 하지 않는 이놈의 사회가 놀랍기만 하다. 학교에서, 가정에서, 사회에서 마땅히 존중받고 보호받아야 할 존재임에도 트랜스젠더라는 이유만으로 예외가 되어버리는 사회가 원망스럽기도 하다.

이 책은 성정체성에 대한 존중을 개개인의 선의에 기댈 수밖에 없도록 하는 한국사회가 어떻게 변해야 하는지 잘 설명해준다. 트랜스젠더가 안전하고 살기 편한 세상은 모두가 안전하고 살기 편한 세상일 것이다. 더 나은 세상을 만들기 위해 아픔일 수 있는 경험을 기꺼이 들려주고 설문조사에 참여해준 청소년 트랜스젠더들의 용기가 담긴 이 책에 독자들도 응답해주길 바란다. 당신이 당사자라면 혼자가 아니라는 위로와 공감을 얻기를, 비당사자라면 트랜스젠더가 어떤 상황에서 어떤 어려움을 경험하는지 경청함으로써 내면의 편견을 버리는 기회로 삼기를 진심으로 기원한다.

—박에디, 성소수자 인권활동가

당신의 성별은 무엇입니까?

☐ 여성 ☐ 남성

이 질문을 어려워하는 사람은 많지 않다.

그러나 우리 사회에는 태어났을 때 부여받은 성별이

스스로 정체화하거나 표현하고자 하는 성별과 다른 사람들이 있다.

우리는 이들을 트랜스젠더라고 부른다.

2차성징이 시작되는 사춘기는 이들에게 가혹하다.

원치 않는 모습으로 바뀌는 신체는 좌절감을 안기고

자신의 몸을 바라보는 일조차 힘겨워지기도 한다.

가정과 학교는 혼란에 빠진 이들에게 온전한 울타리가 되어야 하지만

오히려 "태어난 대로 살라"고 강요한다.

이런 과정에서 청소년 트랜스젠더들은 극심한 성별 불쾌감을 겪게 된다.

마음속 시한폭탄은 언제 터질지 모른다.

분노에 휩싸이거나 깊은 우울감에 가라앉는다.

거짓말을 하고 있다는 죄책감이 몰려오기도 한다.

그렇게 청소년 트랜스젠더는 사회의 변방으로 밀려난다.

오롯이 혼자 힘으로 끝 모를 어두운 터널을 건디.

프롤로그

2021년 3월 3일, 군 복무 중 성확정 수술을 받았다는 이유로 강제 전역 조치됐던 변희수 육군 하사가 세상을 떠났다는 소식이 전해졌습니다. 당당하게 자신을 드러내며 군의 전역 결정에 항의했던 변 하사의 죽음은 우리 모두에게 큰 충격이었습니다. 2021년 2월에서 3월, 불과 한 달 남짓한 시간 동안 극작가 이은용씨, 음악교사이자 인권활동가 김기홍씨, 그리고 변희수 하사까지 3명의 트랜스젠더가 우리 곁을 떠났습니다. 2001년 연예인 하리수씨의 등장 이후 트랜스젠더라는 단어가 많은 이에게 익숙해진 지도 20여 년이 지났지만, 한국사회는 여전히 이들의 삶을 잘 알지 못할뿐더러 이들이 겪는 고통을 외면하고 있습니다.

변 하사의 사망 직후, 비로소 여러 언론에서는 트랜스젠더에 관한 기사를 앞다퉈 보도했습니다. 그해 2월에는 국가인권위원회에서 트랜스젠더를 대상으로 진행한 혐오 차별 실태조사 결과를 발표하기도 했습니다. 이러한 흐름 속에서, 저희는 단발적인 보도에서 나아가 트랜스젠더가 침해받고 있는 기본권을 심층 취재할 필요가 있다고 판단 했습니다. 특히 트랜스젠더가 자신의 성정체성을 구체화 하고 이를 받아들이는 청소년 시기에 가정이나 학교에서 아무런 도움을 받을 수 없는 상황에 놓인다고 보았습니다. 직접 청소년 트랜스젠더들을 만나고, 관련 단체 활동가와 의료인, 법조인 등 전문가들의 자문을 받아 이들의 학습권 과 보호권, 생존권 등을 집중 조명하기로 했습니다.

하지만 청소년 트랜스젠더를 만나는 것부터가 쉽지 않았습니다. 취재를 시작한 2021년은 코로나19로 사회적 거리두기가 강화된 탓에 퀴어퍼레이드나 자조自助모임 등 오프라인에서 접촉을 시도하는 데 한계가 있었습니다. 이 에 따라 취재팀은 청소년 트랜스젠더 인권모임 튤립연대 를 비롯한 관련 단체들과 수차례 면담을 통해 기획 취지를 전달하고, 여러 단체가 운영하는 트위터 등 소셜네트워크 서비스를 통해 인터뷰 대상자를 모집했습니다. 청소년 트 랜스젠더가 선뜻 언론 인터뷰에 응할지 걱정이 앞섰지만 다행히도 취지에 공감하는 당사자들로부터 하나둘 연락이 오기 시작했습니다. 그렇게 8명의 청소년 트랜스젠더와 만나 직접 이야기를 들을 수 있었습니다.

한편, 직접 만나지는 못했으나 총 224명의 15~24세 청소년 트랜스젠더가 한국사회 청소년 트랜스젠더 인권 실태를 파악하기 위한 설문조사에 응해주었습니다. 나아가 취재팀은 일찍이 트랜스젠더 인권에 대한 논의와 제도적 대응을 시작한 네덜란드 등 해외를 직접 방문해 취재하며 어떤 제도적 개선이 가능하고 필요한지를 보다 생생하게 보여주고자 했습니다. 그렇게 당사자 및 전문가 대면 인터뷰, 설문조사, 해외 사례 취재를 바탕으로 쓴 《서울신문》 기획연재 〈벼랑 끝 홀로 선 그들: 2021년 청소년 트랜스젠더 보고서〉가 2021년 12월 13일부터 15일, 그리고 17일 자 지면을 통해 보도됐습니다. 첫 회 기사가 보도된 시기에 맞춰 인터랙티브 기사도 함께 공개했습니다.

이 책은 바로 그 기사에서 못다 한 이야기를 담고 있습니다. 신문 독자가 가진 보다 대중적인 눈높이에 맞추면서 담아내지 못한 논쟁적인 이야기들도 있습니다. 성별 이분법을 벗어나 논바이너리로 자신을 정체화하는 청소년 트랜스젠더에 대한 이야기도 그중 하나입니다. 보도 이후 1년이 지나 다시 만난 인터뷰이들의 이야기도 담겨 있습니다. 그사이 이들은 또 다른 예기치 못한 장벽을 맞닥뜨리기도 했지만 꿋꿋하게 자신의 삶을 이어가고 있었습니다. 난생처음 누리는 자유를 만끽하며 더 큰 포부를 품게 된 청소년들도 있었습니다.

그렇다면 그동안 한국사회에는 어떤 변화가 있었을까요. 트랜스젠더가 살아가기에 몇 년 전보다는 더 나은 사회가 되었다고 생각하시나요? 대법원은 2022년 11월, 미성년 자녀가 있는 트랜스젠더의 성별정정을 일률적으로 막아서는 안 된다며 현재 혼인관계에 있지 않은 트랜스 여성의 성별정정 신청을 허가하는 결정을 내리기도 했지만 여전히 갈 길은 멉니다. 법적 성별정정을 하려는 이들에게 법원은 아직도 수술을 비롯한 의료적 트랜지션을 요구하고 있습니다. 학교는 트랜스젠더를 비롯한 성소수자의 동등한 학습권을 보장하도록 노력해야 하지만 인권교육이나 상담 개선, 성중립화장실 설치 등 당면한 과제는 아직도 제자리걸음 중입니다. 게다가 교육부는 학교 수업의 가이드라인이자 교과서 집필의 기준이 되는 2022년 교육과정을 발표하며 도덕 과목에서 '성평등'을, 통합사회 과목에서 '성소수자'라는 표현을 삭제했습니다. 차별금지법 또한 국회의 문턱을 넘지 못하고 있습니다.

이 책은 이러한 변화의 방향과 속도에 질문하고자 합니다. 이 책이 청소년 트랜스젠더에 대한 이해를 높이고 사회 변화의 속도를 조금이나마 앞당기는 데 도움이 되기를 바랍니다.

차례

추천의 말 ∘4

프롤로그 ∘12

용어 설명 ∘18

1   혐오와 차별이 일상인 학교 ∘23

2   등 돌린 부모, 생계형 노동자가 되는 아이들 ∘53

3   강요되는 인고의 시간, 진단에서 정정까지 ∘93

4   그들 곁의 앨라이 ∘149

5   가려진 존재들, '사회적 합의'는 정말 아직인가 ∘195

에필로그 ∘233

용어 설명

트랜스젠더 transgender

출생 시 신체를 기준으로 사회로부터 부여받은 지정 성별과 스스로 인식하고 정체화하며 표현하는 성별이 일치하지 않는 사람을 일컫는 포괄적인 용어.

시스젠더 cisgender

출생 시 신체를 기준으로 사회로부터 부여받은 지정 성별과 스스로 정체화하는 성별이 일치하는 사람. '비트랜스젠더'로 쓰기도 한다.

성별 불쾌감 gender dysphoria

출생 시 지정 성별과 스스로 느끼는 성별이 일치하지 않는 데서 발생하는 불쾌감이나 위화감, 그로 인한 고통.

성정체성 gender identity

본인의 성별을 여성이나 남성, 혹은 여성도 남성도 아닌 성별로 인식하는 내적인 감각.

성적 지향 sexual orientation

성적이나 정서적으로 어떤 성정체성에 끌리는지를 나타내는 용어.

트랜스 남성 trans man

출생 시 여성으로 지정됐으나 스스로 남성으로 인식하는 사람.

트랜스 여성 trans woman

출생 시 남성으로 지정됐으나 스스로 여성으로 인식하는 사람.

논바이너리 non-binary

여성과 남성이라는 기존의 성별 이분법을 벗어난 성정체성으로 자신을 인식하는 사람.

의료적 트랜지션 transition

정신건강의학과에서 성별 불쾌감 관련 진단을 받는 것부터 호르몬치료, 성확정 수술 등 의료적 조치를 통칭하는 용어. 개인마다 의료적 트랜지션을 필요로 하는 정도에는 차이가 있다. 트랜스젠더는 자신의 성정체성으로 살아가기 위해 적절한 의료적 트랜지션과 함께 헤어스타일과 옷차림 등의 성별 표현, 개명, 성별정정 등의 사회적 트랜지션을 함께 진행하기도 한다.

호르몬치료

성정체성에 부합하는 신체적 변화를 유도하여 성별 불쾌감을 완화하기 위해 내분비 호르몬을 투여하는 의료적 조치. 위험성 대비 효용성, 목표와 건강 상태, 경제적·사회적 여건 등을 종합해 전문가와의 상담을 거쳐 진행한다.

성확정 수술

생식능력 제거 및 외부성기 형성을 통해 신체 특징을 본인이 정체화한 성별의 형태로 변화시키는 외과 수술. 개인이 인식하는 성정체성이나 성별 불쾌감의 정도는 다르기에 트랜스젠더라고 해서 반드시 성확정 수술을 원하는 것은 아니다.

성별정정

법적 성별을 출생 시 부여받은 지정 성별과 다른 성별로 바꾸는 것.

전환치료

동성애자나 양성애자의 성적 지향을 이성애로 '전환'하거나 트랜스젠더의 성정체성을 강제로 바꿀 수 있다고 주장하며 시도되는 모든 행위.

패싱 passing

외모, 목소리, 말투, 행동, 태도 등을 통해 사회적으로 특정 성별이라고 자연스럽게 받아들여지는 것. 트랜스젠더 커뮤니티에서는 자신의 성정체성으로 인식되고 받아들여지는 것을 의미한다.

앨라이 ally

'협력자'라는 의미로, 차별에 반대하며 성소수자의 편에서 이들을 지지하는 사람을 의미한다.

일러두기

인터뷰이의 연령은 처음 인터뷰가 진행된 2021년을 기준으로 표기했다.

1

혐오와 차별이 일상인 학교

안전하게 성장할 수 있는 공간이어야 하는 학교가

청소년 트랜스젠더에게는 미래를 그릴 수 없는 감옥에 가깝다.

남녀 분반, 남녀 학번, 남녀 기숙사, 남녀 교복, 남녀 화장실……

성별 이분법에 기반한 학교에서 청소년 트랜스젠더들은

자신의 성정체성이 있는 그대로 인정받을 수 없음을 깨닫는다.

다른 학생들이 학업과 진로, 미래를 고민하는 동안

청소년 트랜스젠더는 존재 자체를 부정하는 주변 사람들,

나아가 성소수자를 외면하는 사회로 인해 심각한 내적 갈등을 겪는다.

우리가 만난 이들이 들려준 이야기다.

아우팅이 남긴 상처: 희원씨 이야기

"사내아이는 우는 거 아니야. 얼른 눈물 뚝 그쳐."

유치원 선생님은 울며불며 떼쓰는 남자아이를 달래며 그렇게 말했다. 같은 반 일곱 살 최희원(17세·가명)씨는 결코 들어본 적 없는 말이었다. 집에서도 유치원에서도 희원씨는 맏딸이자 여자아이였다. 그러나 정작 희원씨는 스스로를 여자라고 생각해본 적이 거의 없었다. 사내아이는 우는 게 아니라는 선생님의 말을 우연히 들은 뒤부터 희원씨는 감정을 솔직하게 표현하지 않으려고 노력했다. 집에서는 서서 소변을 보려고 했다. 점점 자신을 어떻게 설명해야 할지 알 수 없었다. 사춘기가 되자 몸은 낯설게 변했다. 더욱 혼란스러웠다. "몸이 자꾸만 제가 여자라고 말하는 것 같아 우울했어요."

법적 성별이 여성이고 여성을 좋아하니, 스스로를 동성애자가 아닐까 생각한 적도 있었다. '트랜스젠더'라는 말도 잘 알려지지 않은 때였다. 초등학교 때는 우연히 남성 성소수자들이 모이는 온라인 커뮤니티에도 가입했다. 성소수자가 이해받을 수 있는 공간에서 편안함을 느꼈다. 트랜스 남성이 있다는 걸 우연히 알게 됐지만 자신을 온전히 표현하는 단어는 아니라고 생각했다. 그러던 어느 날, 친한 친구들과 인근 도시에서 열린 퀴어퍼레이드에 갔다. 자신을 온전히 드러내며 행진하는 이들 속에서 '성소수자여도 자긍심을 가질 수 있구나' 하는 희열이 온몸을 감쌌다. 논바이너리라는 단어를 처음 알게 된 것도 그곳에서였다. '논바이너리 트랜스 남성.' 열다섯 살 무렵 희원씨는 분투 끝에 성정체성을 찾았다. "트랜스 남성에 조금 더 가까운 논바이너리예요"라고 희원씨는 자신을 설명한다.

하지만 학교는 그런 희원씨를 문제아 취급했다. 어머니에게 전화를 걸어 막무가내로 "따님은 동성애자"라고 알린 것도 중학교 2학년 담임선생님이었다. 고민 끝에 희원씨는 어머니에게 "여자를 좋아한다"고 했다. 트랜스젠더라고 바로 말하는 것보다 어머니를 설득하기 쉬울 거라 생각해서였다. 그러나 어머니는 희원씨가 잠시 방황하는 것뿐이라고, 시간이 지나면 '회유'할 수 있을 거라고 여겼다. "네가 아직 어려서 그래. 나도 어릴 때 그랬어. 그냥 이성애자로 살면 안 되겠니."

자신을 이해하지 못하는 어머니가 답답했던 희원씨는 기숙사 생활을 하는 고등학교에 진학했다. 학생들의 자치 활동이 많은 특수목적 고등학교라면 성소수자에 포용적일 거라는 기대도 있었다. 입학이 정해지자마자 희원씨는 카카오톡에 오픈 채팅방을 만들었다.

'우리 학교에서 성소수자 동아리 만들어볼 사람'

채팅방에는 이내 폭언이 쏟아졌다. "이런 짓 하고 다니지 말아라" "우리 학교에 성소수자 있는 거 알려지면 다른 사람들이 뭐라고 하겠냐" "네가 누군지 안다. 몸 사리고 다녀라. 페이스북에 아웃팅을 하겠다". 어렵사리 진학한 학교는 안식처가 되지 못했다. 책 한 권 읽는 것조차 자유롭지 않았다. 성소수자에 대한 책을 읽고 싶어 학교 도서관에 구입을 신청하면 사서 선생님은 대부분을 반려했다. 구비

되어 있던 몇몇 책조차 금서처럼 따로 치워져 읽을 수 없었다. 희원씨가 항의하자 선생님은 "학교에서 보기에 부적절하다"는 이유를 댔다. 납득할 수 없는 설명이었다. 성소수자를 다루는 책이 부적절하다면, 성소수자인 나도 부적절한 존재일까. 희원씨가 그런 생각을 하지 않기란 어려웠다.

구입 신청을 거부당한 책 중 하나는《나단이라고 불러줘》였다. 십 대 트랜스 남성 '나단'의 성장기를 담은 프랑스의 그래픽노블이다. 나단은 학교와 가정에서 자신을 지키기 위해 고군분투하는 희원씨와 닮았다. "왜 남자가 되고 싶니?"라고 반복해서 질문하는 이들에게 나단은 "나는 남자야"라고 외친다. 유쾌한 친구이자 매력적인 연인, 따뜻한 가족으로 살고 있는 나단은 바뀌어야 할 건 자신이 아니라 주변 사람들이라고 말한다. '릴리'가 아니라 '나단'으로 불러달라고 당당하게 요구한다. 희원씨는 그 책을 학교 책장에 꽂아두고 싶었다.

마침 기회가 찾아왔다. 한국게이인권운동단체 친구사이에서는 청소년들의 인권활동을 돕는 공모사업 '목소리를 내자'를 운영한다. 희원씨는 성소수자 인권 도서와 성소수자 프라이드 플래그를 학교에 비치하는 캠페인 기획

안을 냈다. 공모사업에 선정된 당시를 회상하는 희원씨의 눈이 반짝였다. "책들을 직접 사서 친구들과 함께 읽고 싶었어요. 성소수자 청소년이 어떻게 존중받아야 하는지, 어떤 게 혐오인지를 알리는 포스터도 학교에 붙일 계획이었죠." 학교가 바뀔 수 있다는 희망으로 가득 찼던 때였다.

희원씨는 친구들이 자신을 온전히 받아들일 수 있도록 애썼지만 사이버공간에서 시작된 폭력은 이내 현실로 번졌다. 규범을 벗어난 성정체성이 조금이라도 눈에 띄면 친구들은 '이상한 애'라고 손가락질하며 '은따(은근한 따돌림)'를 했다. 희원씨가 애인과 함께 다니는 쉬는 시간이면 우르르 몰려와 야유를 쏟아내고 "역겹다"며 소리를 질렀다. 그것을 무시할 수 있는 배짱이 길러질 만큼 폭력은 반복되며 일상이 되었지만, 어른들은 개입하지 않았다.

상황은 갈수록 나빠졌다. 가까운 친구까지 희원씨를 외면하고 아웃팅의 주동자가 됐다. 기숙사 방에 걸어둔 퀴어문화축제 깃발을 동아리 친구가 찍어 간 뒤로 괴롭힘은 더 잦아졌고 강도도 세졌다. 몇 명의 선동만으로도 희원씨에겐 '괴롭혀도 되는 애'라는 낙인이 찍혔다. 학생들은 떼로 몰려와 손가락질했다. 선생님에게 도움을 요청했지만 돌아온 것은 따돌림에 대한 두둔과 방임이었다. "네가 먼저 불쾌한 행동을 했으니 어쩔 수 없다"는 것이었다.

한때는 '무슨 일이 생기면 학교가 지켜주겠지' 하고 생각한 희원씨였지만 더는 학교를 신뢰할 수 없었다. 곧 기숙사를 떠나 학교 앞에 자취방을 구했다. 희원씨가 남들처럼 고등학교를 졸업하고 대학에 진학하기를 바랐던 부모님의 결정이기도 했다. "따돌림은 잘못"이라고, "잘못을 바로잡지 않는 선생님이 무책임한 것"이라고 강하게 항의하기도 어려웠다. 대학 입시의 시작과 끝인 생활기록부는 학교와 선생님 손에 달려 있었다. 잘못한 이들을 바로잡는 게 아니라 잠깐 피하는 것으로 대처했으니 문제가 해결될 리 없었다. 희원씨의 불안은 기숙사를 떠나서도 가라앉지 않고 증식했다. 평소 먹던 우울증 약의 복용량이 늘었다.

어느 날은 수업을 듣는데 호흡이 가빠졌다. 숨을 쉴 수 없었다. 선생님이 트랜스 여성인 고 변희수 하사를 '남자 트랜스젠더 군인'이라고 지칭한 게 뇌관이었다. 변 하사는 군 복무 중 여성으로 성확정 수술을 받은 뒤 강제 전역 조치되었고, 복직과 명예 회복을 위해 싸우다 세상을 떠났다. 희원씨는 '수술도 안 했는데 트랜스젠더가 맞느냐'고 계속

해서 폭력적으로 되묻던 이들이 떠올랐다. '그런데 고된 수술을 여러 차례 받아도, 이 사회는 저렇게 출생 시 지정된 성별만 기억하는구나. 성정체성을 온전히 인정하지 않는구나.' 희원씨는 교실에서 쓰러졌다.

"제가 지금 죽으면 사람들은 저를 여자로 기억할 것 같다는 불안감이 들었어요. 교실이고 사회 시간이니 성소수자도 존중받을 줄 알았는데 그렇지 않았죠."

그날 이후 희원씨는 자퇴를 하는 게 어떻겠느냐는 담임선생님의 권유를 받았고, 결국 2020년 5월 고등학교를 그만뒀다.

문제아라는 낙인: 영씨 이야기

2018년 박영(18세·실명)씨도 학교를 떠났다. 남녀를 가리지 않고 놀던 어린 시절에는 아무도 그의 성정체성을 문제삼지 않았다. 중학교에 진학하고서부터였을까. 그는 어느새 학교에서 손에 꼽히는 '문제아'가 되어 있었다. 교복부터 학번까지 사사건건 남녀를 나누는 생활이 시작됐기 때문이다. 어릴 때부터 치마를 입기 싫어했던 영씨는 당연히 바지 교복을 골랐다. '남학생 교복'을 입은 '여학생 학번'의 37번 학생. 영씨는 언제나 시선을 끌었다. "남자 교복 입은 너는 누구니?" 여러 반 학생들이 모여서 하는 수업 시간, '남학생 학번'인 1번부터 차례로 출석부를 불렀는데도 영씨의 이름이 나오지 않자 선생님이 대뜸 건넨 질문이었다. "그때도 지금처럼 머리도 짧고, 들어갈 때부터 남자 교복을 입었으니까 그야말로 스페셜 '관종(관심받고 싶어 하는 종자)'이었죠."

학창 시절의 평범한 추억도 영씨와는 거리가 먼 이야기였다. 초등학교에 다닐 때처럼 친구들과 축구를 하고 싶었지만 남자아이들은 '여자는 축구에 안 끼워준다'며 거부했다. 또래 학생들은 "너 동성애자냐?"라며 영씨를 쉴 새 없이 놀렸고, 지기 싫어하는 영씨는 "맞다. 어쩔 거냐?" 하며 맞받아쳤다. 그러면 "어휴, 더러운 ××"라는 조롱이 돌아왔다. 영씨는 시종일관 쾌활한 목소리로 당시를 아무렇지 않은 일이라는 듯 묘사했다. 자신을 지키기 위해 그는 괴롭힘에 강하게 맞섰다. 어릴 때부터 운동을 했기에 남자아이들과 싸워도 이길 자신이 있었지만 꾹 참았다. "그래도 저는 멘탈이 잘 안 갈리는 사람이니까요."

영씨는 그렇게 늘 스스로를 다독였다. 남해로 떠난 중1 여름 수련회에서 친구들이 서로의 몸에 진흙을 던지며 놀 때도 영씨는 잠자코 멀리서 바라만 봤다. 몸이 더러워지면 공용샤워장에서 씻어야 할 텐데 어느 샤워장에도 들어갈 수 없었기 때문이다. 남성인 영씨는 지정 성별에 따라 여자샤워장을 쓸 수도, 성정체성에 따라 남자샤워장을 쓸 수도 없었다. 학교에서도 비슷한 상황이 반복됐다. 친구들은 쉬는 시간이면 "화장실에 같이 가자"며 우르르 몰려다녔지만 영씨는 늘 사람이 없는 시간대를 골라 혼자 갔다. 남자화장실도 여자화장실도 쓸 수 없는 영씨는 어디를 가도 '넌 여자냐, 남자냐'를 묻는 친구들과 함께 있어야 했다. 그러나 영씨가 조심스럽게 생활할수록 주변의 편견은 더욱 강해져만 갔다.

눈에 확연히 보이는 물리적 폭행은 없었지만 따돌림은 서서히 심해졌다. 잠시나마 영씨를 향한 괴롭힘을 나서서 막아주는 선배들도 있었다. 하지만 선배들은 이내 졸업과 함께 학교를 떠났다. 쉬는 시간이면 어김없이 "너는 남자냐, 여자냐?"는 조롱이 계속됐다. 겉으로는 씩씩한 척했

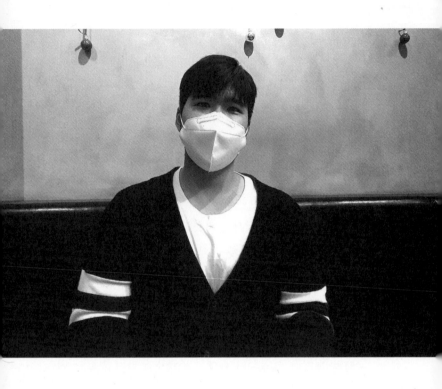

사사건건 남녀를 구분하는 학교에서 어느새 '문제아'가 되어버린
영씨는 결국 학교를 떠났다.

지만 우울증과 불면증에 시달렸다. 그러던 어느 날, 한 학생이 "동성애자는 더럽다"라는 말로 성소수자 전체를 공격했을 때 더는 화를 참지 못했다. 주먹이 나갔다. 선생님은 "때린 네가 잘못했다"고 영씨를 질책했다.

영씨는 하루빨리 학교를 떠나 성별정정을 하고 살아야겠다고 결심했다. 중2 겨울, 수학여행만 다녀온 뒤 자퇴를 하기로 했다. 2차성징이 진행되며 몸에서 나타나는 변화는 공포스러웠고, 학교는 "나와 맞지 않는 공간"이었다. "학교에서는 소외돼버렸고 호르몬치료는 시작했고요. 다시 생각해보면 자퇴는 학교에서 궁지에 몰린 저한테 마지막으로 남은 선택지였어요. 그걸 고르는 게 선택이라고 할 수 있을까요?"

벽장 속으로 숨는 청소년들

희원씨나 영씨처럼 학교에서 자신의 성정체성을 은연중에라도 드러내는 청소년 트랜스젠더는 사실 그리 많지 않을 것이다. 두 사람이 결국 학교를 떠날 수밖에 없었던 것처럼 학교는 결코 트랜스젠더에게 포용적인 공간이 아니기 때문이다. 대부분의 청소년 트랜스젠더가 자신의 성정체성을 숨긴 채 학교를 다니는 이유다.

논바이너리 트랜스 여성인 윤슬(21세·가명)씨는 인근에서 보수적이기로 정평이 난 남자중학교를 졸업한 뒤 같은 재단의 남자고등학교에 진학했다. 유치원 때부터 이미 성별에 의문을 품었지만 어차피 자신의 성정체성이 받아들여질 거란 기대가 없었다. 슬씨는 그저 출석에 의의를 두며 집과 학교를 오갔다. 하지만 학내에서 선생님들과 부딪치는 일까지 피할 순 없었다. 고등학교에 진학할 무렵 조금씩 머리를 기르자 교사들은 '남자답지 않다'며 머리를 자르라고 지적하기 바빴다. 교칙상 두발자유가 보장되어 있었지만 유명무실했다.

"반 친구들하고 어울리는 것도 고역이었어요. 그 또래 애들이 다 그런 건진 모르겠지만 노골적으로 음담패설을 늘어놓고는 하니까. 그걸 들으면서 여긴 진짜 내가 속할 곳이 아니구나 하는 생각만 계속하게 되는 거죠. 게다가 애들이 그런 말을 하고 있으면 교사들도 가세를 해요. 아무렇지 않게." 슬씨는 학교생활이 잘 기억나지 않는지 중간중간 잘려 있는 기억의 조각을 맞추는 듯했다. 힘겨웠던 순간들 말고는 인상적인 에피소드도, 동급생들과의 추억도 떠오르지 않는 것 같았다.

슬씨의 학창 시절은 아무런 의욕 없이 집과 학교를 오가는 생활의 연속이었다. 하교 후 집에 오면 방에만 틀어박히는 날이 늘었다. 고등학교 2학년이 되고부턴 아침이 되어도 도무지 몸을 일으키기가 힘들었다. 결국 보다 못한 슬씨의 부모님이 먼저 자퇴 이야기를 꺼냈다. "나중에 부모님께서 말씀하시길 그때 제 모습을 지켜보기가 너무 힘들었다고 하시더라고요. 이러다가 제가 정말 어떻게 될 것만 같았다고 하셨어요. 이제 와서 생각하면 부모님이 먼저 그 말을 해줘서 정말 고맙다고 생각해요. 그때 학교를 그만둔 게 결과적으로 인생의 큰 전환점이 됐으니까." 과거를 훑어가던 슬씨의 목소리가 점점 잦아들었다. 슬씨가 소리 없이 울고 있었다. "그때를 떠올리면 항상 이래요. 제일 힘들었던 때인 데다가 엄마 아빠한테 고마워서. 그래서 눈물이 나나봐요." 휴지로 눈물을 훔치던 슬씨는 한참이나 말을 이어가지 못했다.

트랜스 남성 신동휘(20세·가명)씨도 고등학교에 다니

면서 우울증과 공황이 심해졌다. 신체 외형과 스스로 생각하는 성별이 다르다는 데서 오는 성별 불쾌감이 점점 강해졌지만 친구들에게든 선생님에게든 이해받을 수 있으리라는 생각은 도무지 들지 않았다. "치마 교복을 입었던 게 잘못된 선택이었던 것 같아요. 바지 교복이 있긴 했는데, 돈도 돈이지만 다른 애들하고 다르다는 걸 드러내고 싶지 않았던 것 같아요."

학교 친구들은 동휘씨를 '보이시한 여자 친구'로 대했다. "네가 남자였으면 사귀었을 텐데"라며 서슴없이 무릎을 베는 친구에게 씁쓸한 마음을 감추기 힘든 때도 있었다. "마음이 가는 친구가 있었는데 '그게 다 무슨 소용이야'라는 생각이 먼저 들었어요. 이 친구한테 저는 그냥 친구일 뿐이고, 친밀한 행동들도 다 우정에 지나지 않으니까. 그냥 체념하는 게 편했던 거죠."

어떻게든 버텨보려 했지만 고등학교 2학년에 접어들자 한계에 다다랐다. "매일 가는 화장실이 가장 큰 스트레스였어요. 난 남자인데 여자화장실에 계속 가야 하는 거잖아요. 근데 그 말을 누구한테도 할 수가 없었어요. 상대가 누가 됐든 내가 왜 여자화장실을 쓰는 게 어려운지 하나부터 열까지 다 설명을 해야 하니까. 그게 좀처럼 엄두가 나질 않았어요." 동휘씨는 결국 그해 6월 학교를 그만뒀다. 초등학교 때부터 10년 이상 학교를 다니면서 동휘씨가 자신의 성정체성을 말할 수 있었던 사람은 가장 친한 친구 1명뿐이었다.

학교라는 공간 안에서 학생들 간의 동질성은 서로의 유대를 강화하는 한편 '우리와 다른' 사람을 배척하는 무기가 되기도 한다. 지정 성별이 같다는 이유만으로 묶인 여자/남자학교든 그렇지 않은 남녀공학이든 '사실 내가 느끼는 나의 성별은 여자/남자가 아니야'라고 말하는 순간 '나'라는 존재는 나머지 학우들과는 다른 '이질적'인 존재가 돼버리는 것이다.

한국사회는 성소수자를 자연스럽게 받아들이기는커녕 이들에 대한 차별과 혐오의 메시지가 점점 더 넘쳐나고 있음에도, 학교에서는 '사회엔 다양한 젠더가 있고 이를 이유로 차별해선 안 된다'고 가르치지 않는다. 언제 비난과 따돌림, 조롱의 대상이 될지 모르는 학내에서 청소년 트랜스젠더들이 '나'를 드러낸다는 건 갑옷도 입지 않은 채 전쟁터에 나서는 것과 다르지 않다. 애초에 교사나 친구들에 대한 기대를 버리고 온라인 커뮤니티나 SNS 등을 통해 소수자성을 공유하는 사람들을 찾는 것도 스스로를 위험에서 보호하기 위해서다.

성별 이분법이라는 벽

한국의 학교가 얼마나 공고한 성별 이분법을 바탕으로 두고 있는지는 이 책을 읽는 누구나 자신의 학창 시절을 잠깐만 돌아봐도 쉽게 알 수 있을 것이다. 일단 남자학교나 여자학교로 입학 자체를 지정 성별로 구분하는 게 대표적이다. 남녀공학이라 하더라도 남자/여자로 나누어 분반하는 경우도 크게 다르지 않다. 교복도 마찬가지다. 최근엔 성별 구분 없이 생활복을 입는 경우도 생겼지만 대개의 학교는 치마와 바지, 셔츠와 블라우스 등으로 성별에 따라 입어야 하는 교복을 구분한다. 성별 이분법적 사고는 이러한 시스템뿐만 아니라 교사와 학생들의 언행, 교과서나 수업의 내용 등에서도 여지없이 드러난다.

남녀공학인 동휘씨의 학교처럼 지정 성별이 여성이

더라도 바지 교복을 허용하는 경우가 있지만, 여전히 대부분의 학교는 지정 성별에 따른 획일화된 교복 착용을 강요한다. 취재팀이 2021년 청소년 트랜스젠더 224명을 대상으로 진행한 설문조사에서도 응답자의 58%가 원하는 성별 표현에 맞지 않는 교복을 입고 있거나 과거에 입었다고 답했다. 예전에 비해 나아졌다는 신호도 있긴 하다. 응답자 중 성인에 해당하는 19~24세의 경우 원하는 교복을 입었다는 응답은 35%에 그쳤지만, 15~18세 미성년 응답자의 경우에는 46%로 원하는 교복을 입는다는 응답이 11% 더 많았다.

재학 중 트랜스젠더라는 정체성과 관련해 힘들었던 점에 대해 물은 질문에서는 절반 이상의 응답자가 '성정체성에 맞지 않는 교복을 입어야 하는 것'(52%)을 꼽았다. 그러나 청소년 트랜스젠더를 힘겹게 하는 문제는 교복만이 아니다. 동휘씨의 이야기에서처럼 청소년 트랜스젠더들이 더욱 힘들어하는 건 자신의 성정체성에 맞지 않는 화장실을 이용해야 한다는 것(59%)이었고, 애초에 여성과 남성으로 구분하는 분반이나 학번, 자리 배치와 같은 기본적인 시스템(60%) 자체가 고통이라는 응답도 많았다

무엇보다 이 모든 문제점을 뛰어넘어 청소년 트랜스젠더들을 가장 힘들게 하는 건 다름 아닌 '성소수자 관련 성교육의 부재'(66%)였다. 한국의 학교에선 성소수자가 무엇인지조차 제대로 언급되지 않는다. 의무적으로 성교육 시간을 마련하도록 되어 있긴 하지만 주로 남녀의 신체 차이나 최근 문제가 되고 있는 성범죄에 관한 내용을 다루는 게 일반적이다. 응답자들이 바라는 성교육은 사실 매우 간단했다. 교사를 대상으로 하는 성소수자 관련 의무교육이 이뤄져야 하며(79.5%), 이런 교육이 학생들을 대상으로도 진행돼야 한다(71.4%)는 것이다. 일부 교사들의 재량으로 성평등 교육이 실천되기도 하지만 이에 반대하는 학부모들의 항의 때문에 장기적으로 이뤄지기 어렵다는 문제가 있다. 그러는 사이 교사는 물론 학생들까지 무지와 편견에 따른 차별행위를 아무렇지 않게 자행하고 있다.

고등학교 2학년 무렵 학교를 떠난 트랜스 남성 송우현(21세·가명)씨는 재학 중 의료적 트랜지션을 희망했지만 부모님이 이를 반대하면서 깊은 갈등을 겪게 됐다. 심한 우울증으로 더 이상 학교를 나갈 수 없겠다고 생각한 우현씨는 학교에 자퇴 의사를 밝혔고, 학교는 이런 우현씨에게 의무

상담 시간을 배정했다. 그러나 우현씨가 상담교사로부터 들은 이야기는 더 이상 학교에 머물 이유가 없다는 생각을 굳히게 했을 뿐이다.

"두발이나 복장이 자유로운 학교여서 짧은 머리에 바지 교복을 입은 상태였는데, 상담교사가 '네가 머리를 짧게 하고 바지를 입으니 이런 문제가 생기는 거다. 여성성을 되찾도록 머리도 기르고 치마도 입어봐라'라고 하더라고요. 무슨 할 말이 더 있겠어요. 더 이상 상담이고 뭐고 얼른 학교를 떠나고 싶은 마음뿐이었어요."

'정상'이라는 이름의 폭력

우현씨처럼 청소년 트랜스젠더가 교사로부터 폭력적인 발언을 듣는 일은 비일비재하다. 설문조사에 참여한 응답자 10명 중 7명(68.8%)은 교사의 혐오 발언을 들은 적이 있다고 답했다. 트랜스젠더라는 정체성 때문에 교사에게 '폭력이나 부당한 대우'를 당한 경험이 있다는 응답자도 24%나 됐다. 폭력이나 부당한 대우를 경험한 이들 가운데

우현씨는 자신을 이해하려 하지 않는 상담교사와의 면담을 끝으로
자퇴에 마음을 굳혔다.

언어폭력을 경험한 응답자는 74%에 이르렀고, 성희롱이나 성폭력을 당했다고 응답한 이들도 30%로 나타났다. 당사자의 동의 없이 타인에게 성정체성을 알리는 아우팅을 당했다는 응답도 26%나 됐다.

그러나 학생이라는 신분으로 이러한 폭력과 부당한 대우에 맞서 할 수 있는 일은 많지 않았다. 해당 교사에게 직접 항의하거나 대응했다고 답한 응답자는 14.8%에 그쳤다. 대부분은 참거나 묵인할 수밖에 없었다(79.6%)고 했다. 어차피 아무런 변화가 없을 거라고 생각했기 때문이기도 하지만(76.7%), 자신의 대응이 오히려 피해로 돌아올까 봐 걱정됐다는(69.8%) 응답자도 많았다. 또한 대응함으로써 성정체성이 드러날 수 있다는 두려움(67.4%)도 크게 작용한 것으로 나타났다.

한편, 차별이나 폭력의 주체는 교사뿐만이 아니었다. 논바이너리 트랜스 남성 박도윤(22세·가명)씨는 초등학교 5학년 때 새로 전학한 학교에 머리를 짧게 자르고 갔더니 "쟤는 여잔데 왜 저래?"라며 친구들이 거리를 뒀다. 그때부터 도윤씨는 '여성'을 연기했다. 그 연기를 하느라 느끼는 괴로움을 참을 수 없었지만, 도대체 왜 괴로운지도 제대로 알 수 없었다. 중학교 3학년이 된 도윤씨는 인터넷을 통해 트랜스 남성이 존재한다는 사실을 알게 됐다. "나 같은 사람이 세상에 있구나." 다시 머리를 짧게 잘랐다.

호르몬치료를 시작한 뒤 도윤씨는 친한 선배에게 커밍아웃을 했다. "난 신경 안 써." 첫 반응은 덤덤했던 선배는 차츰 도윤씨를 무시하기 시작했다. 그러더니 대뜸 성소수자를 폭행한 범죄자를 옹호하는 온라인 커뮤니티의 한 게시물을 보여주며 "이 사람 대단하지 않느냐"라면서 "넌 어떻게 생각하느냐"고 물었다. 언제든 같은 위험에 노출될 수 있는 도윤씨를 염려하고 존중한다면 친구로서 내뱉을 수 없는 질문이었다. 도윤씨는 아무런 말을 할 수가 없었다. 호르몬치료로 얼굴에 수염이 나기 시작한 도윤씨가 "남자화장실은 좌변기 칸이 적어 가기가 꺼려진다"고 토로하자 선배는 "넌 남자 성기가 없으니까 여자화장실을 쓰는 게 맞다"고 쏘아붙였다.

성정체성을 이유로 가까운 친구나 동급생에게 당한 폭력은 지우기 어려운 상처를 남긴다. 취재팀의 설문조사에서 드러난 바로, 동급생들에게 폭력이나 차별을 경험한 응답자(32.6%)는 교사가 가해자인 경우(24%)보다 많았다.

74%는 언어폭력을 경험했고, 44%는 아우팅을 당했다고 밝혔다. 슬씨와 동휘씨가 어째서 자신의 성정체성을 학교에서 전혀 드러낼 수 없었는지 그 이유를 알 수 있는 대목이다. 성희롱이나 성폭력을 당했다는 응답도 43%나 됐는데, 이는 응답자를 지정 성별 남성으로만 좁힐 경우 68%로 치솟았다. 교사에게 신체적 폭력을 당한 경우는 4%로 나타났지만 동급생에게는 12%로 그 3배에 이르렀다.

동급생에게 폭력을 당했을 때도 대부분의 피해 청소년 트랜스젠더는 가해자가 교사일 때와 마찬가지로 아무런 대응을 하지 못했다(70%)고 답했다. 성정체성이 드러날까봐 두려운 마음이 앞섰기 때문(80%)이다. 변화를 기대할 수 없었기 때문이라는 응답도 75%나 됐는데, 실제 직접 문제를 제기했거나 교사나 학교 등에 도움을 요청했음에도 2명 중 1명은 아무런 변화를 경험하지 못했다.

학교 밖으로 내몰리는 아이들

설문조사에서 너무나 명백하게 드러나듯, 위기의 순

간에 선 청소년 트랜스젠더가 학교 안에서 자신을 지킬 수 있는 수단은 거의 없다. 그렇다면 학교 밖은 어떨까. 학교 밖에서라도 이들은 자신을 지킬 수단이나 지원을 찾아낼 수 있을까? 국가인권위원회나 지역별 학생인권교육센터 등 도움을 요청할 수 있는 기관이 있기는 하다. 하지만 이러한 외부 기관을 통해 학내 문제를 해결하는 데는 한계가 있다. 하형주 서울시교육청 학생인권교육센터 조사관은 "서울은 학생인권조례에 차별 금지 사유로 성적 지향과 성정체성을 직접 명시하고 있지만, 아우팅 우려 때문에 성소수자 학생이 직접 권리구제 신청을 한 사례는 없다"고 했다. 권리구제 신청을 내는 순간 성적 지향이나 성정체성이 공개될 것이란 우려 탓에 제도가 있어도 이용하지 못하는 현실인 것이다. 대부분의 청소년 트랜스젠더들이 홀로 폭력과 차별을 버티다 결국 자퇴를 택하는 이유이기도 하다.

전국 17개 시도 가운데 '차별받지 않을 권리' 등의 내용이 담긴 학생인권조례를 제정한 곳은 서울, 경기, 광주, 전북, 충남, 제주 총 6개 지역에 불과하다. 서울시 학생인권조례는 학생이 성별, 성적 지향은 물론, 성정체성 등을 이유로 차별받지 않을 권리를 가진다고 명시하고 있다. 소수자 학생을 보호하기 위한 통상적인 내용도 포함한다. 조례에 따르면 교육감이나 학교장, 교직원이 학생의 성적 지향과 성정체성에 관한 정보나 상담 내용을 보호자를 제외한 다른 사람에게 당사자의 동의 없이 누설해서는 안 된다. 하지만 앞서 하형주 조사관의 이야기처럼 조례가 있더라도 실제 이를 근거로 도움을 요청하기란 쉽지 않은 실정이다. 게다가 희원씨의 경우처럼 학생인권조례조차 제정돼 있지 않은 지역에서 학교를 다니는 청소년이라면 문제 해결을 철저히 주변 개개인의 '선의'에 기댈 수밖에 없게 된다. "지역 격차를 많이 느껴요. 서울에 살았다면 선생님이 적어도 괴롭힘은 제지하지 않았을까요."

한편, 국가인권위원회에 진정을 넣는 일은 입시를 준비하는 청소년 성소수자에겐 대안이 되지 못한다. 인권침해 및 차별 사건을 처리하는 절차가 워낙 복잡하고 조사 기간도 수개월로 긴 탓이다. 또한 괜히 신고했다가 2차 피해를 당할까 우려하는 학생들은 진정 자체에 쉽사리 용기를 내기도 어렵다. 희원씨도 자퇴 결정을 내리기 전 인권위에 진정을 낼까 고민했지만 결국 포기했다. "인권위에 진정을 제기해도 언제 권고가 나올지도 모르고 강제성은 없잖아요. 선생님과 관계가 틀어지면 생활기록부에 부정적인 말이 쓰일 수 있다는 걱정도 컸고요."

사정이 이렇다 보니 청소년 트랜스젠더에게 학교는 배움의 터는커녕 사회화 기관으로서의 역할도 제대로 수행하지 못하는 형편이다. 학교가 그저 졸업장이나 입시만을 위한 공간으로 전락했다면 그나마 다행일 정도다. 상당수의 청소년 트랜스젠더는 살아남기 위해 학교를 떠난다.

취재팀이 만난 8명의 청소년 트랜스젠더 중 6명은 중고등학교를 다니다 그만뒀다. 1명은 중학생 때 관뒀고, 나머지 5명은 고등학교에 입학은 했지만 졸업을 하지 못했다. 대면 인터뷰 응답자에 비해 적은 비율이긴 했으나 설문조사를 통해 나타난 학업중단율 또한 전체 응답자 중 21.9%로 높게 나타났다. 통상 중학교나 고등학교에 다니고 있을 15~18세 응답자에 한정해서 보면 13.6%가 '현재 학교에 다니고 있지 않다'고 답했다. 교육부가 매년 발표하는 교육기본통계에 따르면, 2020년 기준 전체 중고등학교 학생의 학업중단율은 0.8%에 불과하다. 청소년 트랜스젠더 응답자와 비교하면 무려 17배의 차이다.

학교를 그만둔 경험이 있는 청소년 트랜스젠더에게

학업중단이 트랜스젠더 정체성과 관련 있느냐고 물었다. 71%가 '그렇다'고 답했다. 앞서 여러 인터뷰이들의 이야기에서 언급된 온갖 차별적인 대우는 공교육에 대한 불신을 일으키기에 충분했다. 학교에 다니면서 의료적 트랜지션을 진행하기가 어렵다는 점도 이들이 학교를 떠난 주요한 이유였다. 각자가 희망하는 트랜지션의 정도는 다르지만 성인이 되기 전 정신과 진단과 호르몬치료, 나아가 외과적 수술을 희망하기도 하는 이들에게 학교는 족쇄나 마찬가지였다. 더군다나 가정에서의 갈등까지 겹쳐 트랜지션에 필요한 각종 비용을 가족에게 지원받을 수 없다면 돈을 벌기 위해서라도 어쩔 수 없이 학교를 떠나게 된다.

청소년 트랜스젠더 인권모임 튤립연대의 한 활동가는 "과거보다 직접적인 폭력이나 혐오 발언이 줄어들었다지만, 청소년 트랜스젠더에게 학교는 여전히 안전을 보장해줄 수 없고 자신의 미래를 방해하는 공간으로 여겨진다"고 말했다. 그는 "자신이 원하는 성별로 친구들과 교류할 수 없는 상황이다 보니 교우관계가 원만하더라도 괴로움을 느낀다"면서, "그렇다고 호르몬치료나 수술 같은 의료적 트랜지션을 받으면서 학교에 다닐 수도 없다 보니 많은 청소년 트랜스젠더가 학교를 벗어나게 된다"고 설명했다.

2

등 돌린 부모,

생계형 노동자가 되는 아이들

흔히 부모는 자녀에게 아낌없는 사랑을 보낸다. 어떤 잘못과 실수에도 기꺼이 자녀의 편이 된다. 하지만 자녀가 트랜스젠더일 때, 무한한 줄로만 알았던 부모의 애정은 조건부가 되기도 한다. 있는 그대로의 자신을 드러내는 순간 부모마저 등을 돌릴지 모른다는 조건부 관계에 대한 불안 속에서 청소년 트랜스젠더들은 또 한번 고통받는다.

우리가 만난 청소년 트랜스젠더 당사자들은 하나같이 비슷한 이야기를 들려주었다. 부모들은 일단 커밍아웃을 회피하다가, '알겠다'고 하고는, 이내 무시했다. 자아를 형성하는 시기에 부모에게조차 존재를 인정받지 못하는 경험은 청소년 트랜스젠더들의 마음을 조금씩 갉아먹었다.

성정체성을 바꿀 수 있다는 착각으로 잘못된 훈육을 하는 부모도 적지 않다. 때로는 폭언을 쏟아내거나 물리적 폭력까지도 행사한다. 이러한 폭력을 방치하는 가족 또한 또 다른 가해자일 뿐이다. 안식처가 되어야 할 가정은 살아남기 위해서 떠나야 할 공간이 되고, 부모도 연을 끊어야 하는 존재가 된다. 우리가 만난 이들은 그렇게 위태로운 홀로서기에 나선 사람들이기도 했다.

"나 트랜스젠더야" 한마디에 등 돌린 부모

"너 손목이 왜 그러니. 당장 말해."

중학교 3학년 어느 날, 우현씨의 손목에서 상처를 발견한 어머니가 말했다. 어머니의 추궁에 우현씨는 "나는 여자가 아닌 것 같다"고 털어놨다. 내심 어머니가 도와줄 거라고 기대했다. 하지만 어머니는 "다른 여자애들하고 성향이 조금 다르다고 네가 남자라는 것은 아니다"라며 그를 부정했다. 평소 입버릇처럼 '나는 진보' '무엇이든 다 받아들일 수 있는 열린 사람'이라고 자부하던 아버지도 마찬가지였다. "어릴 때 나도 여자가 되고 싶었지만 어른이 되고 보니 아니었다. 남성의 사회적 지위가 탐난다고 이런 방식으로 해결할 수 있는 게 아니다. 여성은 여성의 자리가 있다."
우현씨의 '우발적' 커밍아웃은 그렇게 없던 일이 됐다.

부모님의 지지를 바랐던 우현씨는 다시 한번 용기를
냈다. 학교에 가기 전 식탁에 편지를 한 장 올려뒀다. 학교
에 다니며 성별을 바꾸기 위한 의료적 조치(트랜지션)를 하
고 싶다는 내용이었다. 그날 저녁, 학원 수업까지 마친 늦
은 밤 집에 들어가려는데 도저히 엄두가 나지 않았다. '부
모님이 편지를 읽었을까. 집안이 발칵 뒤집혔을까. 이젠 내
가 어떤 마음인지 알겠지.' 그런 생각을 하며 심장이 쪼그
라드는 것 같았다.

집 근처를 빙빙 돌다 겨우 현관문을 열었다. 집안 분위
기는 평소와 다르지 않았다. 그런데 일곱 살 터울인 동생이
잠들자 부모님이 우현씨를 불렀다. 그때 들은 말 대부분을
애써 기억에서 지웠지만, 아버지의 한마디만큼은 잊을 수
없었다. "애초에 너를 내 자식이라고 생각한 적이 없다. 그
러니까 네가 이렇게 말해도 나하고는 상관없는 일이다. 네
가 알아서 해라." 우현씨는 아직도 당시 받은 충격이 생생
하다. 단지 성정체성을 밝혔다는 이유만으로 부모는 우현
씨를 부정했다. "원래 집안 분위기가 딱히 화목하진 않아서

놀라운 말은 아니었지만, 상처였어요. '자식으로 보지 않는다'는 말을 어떻게 할 수 있죠."

그 후로 우현씨의 부모님은 우현씨를 데리고 열 군데가 넘는 병원을 찾았다. 우현씨를 있는 그대로 받아들였기 때문은 아니었다. "돌이켜 생각해보니 부모님이 의사한테 듣고 싶은 말이 있었던 거 같아요." 부모님은 우현씨의 성정체성을 '바꿔줄' 의사를 수소문한 거였다.

하지만 우현씨의 마음속에서는 전혀 다른 기대감이 꿈틀했다. 의사가 "이 아이는 아무런 문제가 없습니다. 그리고 트랜스젠더입니다"라는 한마디만 해준다면 어떨까. 그렇게 된다면 의료적 트랜지션을 시작할 수 있지 않을까. 하지만 트랜스젠더에 대한 배경지식이 없는 의사가 대부분일 텐데 무슨 말부터 해야 납득시킬 수 있을까. 우현씨는 고민하며 머리를 싸맸다.

혹시나 하는 기대는 번번이 좌절됐다. 여러 유명 방송프로그램에 출연하면서 이름을 알린 소아청소년 정신과 의사마저 "애한테 여자친구가 생기면 의료적 트랜지션을 시켜주라"고 하는 게 고작이었다. 성정체성과 성적 지향도 구분하지 못하는 의사를 보고 우현씨는 순간 말문이 마혔다. 어째서 온전한 나로 살기 위해 이런 사람들에게 나를 증명해야 할까. 회의감이 몰려왔다. "[의사가] 뭘 헷갈려서 말한 건지도 모르겠어요. 당시에 여자친구가 생길 수나 있었을까요?"

부모님은 우현씨가 기대하는 것과 정반대의 말을 들을 때까지 병원을 수소문했다. 한 대학병원에서 소개해준 의사가 "성정체성에 대한 문제보다 우울증을 먼저 치료해야 한다"고 말하자 부모님은 내심 안심하는 눈치였다. "요즘은 극단적으로 전환치료를 시도하는 곳은 별로 없는 거 같아요. 노골적으로 비난하지는 않죠. 하지만 사람을 회유하려고 하고 전혀 지지해주지 않는 병원이 많아요."

고등학교 2학년 때 자퇴를 하고 나서야 우현씨는 부모님을 꺾을 수 있었다. 우현씨의 자퇴로 부모님은 의료적 트랜지션을 반대할 명분 하나를 잃은 셈이었다. 더 이상 "학교는 어떻게 할 거냐"라는 말을 할 수 없었기 때문이다. 그렇게 호르몬치료를 시작하고 두어 달이 지나며 수염도 자라고 우현씨가 이제 부모님도 자신을 받아들였다고 생각할 무렵, 부모님은 또다시 멀어졌다. "어머니는 변하는 제 모습을 보기 싫었던 거 같아요." 어머니가 느닷없이 수도원으로 떠났다.

한 달 뒤 어머니는 집으로 돌아왔지만, 이번엔 우현씨가 가정을 떠났다. 귀가 시간이 늦어지겠다고 집에 전화를 건 어느 날, 집안 분위기가 심상치 않았다. "지금 들어가면 맞아 죽겠다 싶었죠. 어릴 때 저희 집에 가정폭력이 심했거든요. 사실상 집에서 쫓겨난 거죠." 집을 나오기 한두 달 전부터 아르바이트를 하며 돈을 모으고는 있었지만 갑자기 몸을 누일 곳을 찾기엔 턱없이 부족했다. 아는 사람 집을 일주일씩 전전했다. 청소년 성소수자 위기지원센터 띵동에도 도움을 요청했다. 교육의 현장인 학교가 손 놓은 성소수자 학생에 대한 지원을 대신하고 있는 단체다. 다행히 안전하게 지낼 수 있는 곳을 소개받았다. 부모님의 폭력적인 메시지에 어떻게 대응해야 할지 모를 때도 우현씨는 띵동을 찾았다. 그때 부모님이 보낸 메시지는 영원히 기억에서 지워버렸다고 했다.

10명 중 3명만 "부모가 성정체성 안다"

취재팀의 설문조사에 참여한 청소년 트랜스젠더 중 절반 이상은 부모가 자신의 성정체성을 모른다고 답했다. 선생님이나 친구들도 모자라 가까운 혈연에게까지 자신을 부정당하고 싶지 않은 이들은 스스로를 보호하기 위해 자신을 숨긴다. 이들은 대중매체나 온라인 커뮤니티를 통해서 익히 예감하고 있다. 자신을 그렇게 아끼고 사랑하는 부모라 하더라도 커밍아웃을 하는 순간 돌변할 수 있다는 사실을 말이다. "나도 나를 찾기까지 그토록 오랜 방황을 했는데, 우리 엄마와 아빠가 나를 받아들일 수 있을까. 길바닥으로 쫓겨나지만 않아도 축복이지." 동휘씨의 말은 많은 트랜스젠더가 공유하는 암묵적인 룰이기도 했다.

그렇게 꽁꽁 자신을 숨겨도 마음 한편에는 늘 불안함이 웅크려 있다. 동휘씨는 이렇게도 말했다. "엄마나 아빠랑 친밀하게 지내면 죄책감이 들어요. 그럴 일이 아니라고 생각하면서도 그래요. 낳아준 부모님한테도 솔직하지 못한데, 사회에 나가서 이런 존재인 나를, 이런 성정체성을 인정받을 수 있을까 싶죠. 사회화를 처음 경험하게 되는 부모님과의 관계에서도 인정받지 못하니까 자존감이 무너지는 거예요."

동휘씨는 퀴어퍼레이드에서 제일 좋아하는 행사가 "성소수자부모모임이 하는 프리허그"라고 했다. 그들 앞에서 청소년 성소수자들은 부모에게 환영받지 못한 설움을 토해낸다. 동휘씨 역시 이들의 "괜찮다"는 토닥임만으로도 참았던 눈물이 쏟아졌다고 말했다. "저희 집에선 느끼지 못했던 안정감이 느껴지니까 울컥했어요. 계속 감사하다는 말밖에 안 나오더라고요." 평소 부모와의 관계를 고민하는 당사자들은 성소수자 자녀를 둔 부모들이 주축이 되는 성소수자부모모임을 찾기도 한다. 자신을 지키면서 부모와의 관계를 회복하고 싶어 찾는가 하면, 부모와 10여 년간 연을 끊고 지내면서 쌓인 고민을 털어놓으려 오는 경우도 있다.

우연한 일을 계기로 부모가 성정체성을 알게 됐지만 이를 애써 잊어버리는 경우도 흔하다. 희원씨의 부모님도 비슷했다. 자신을 이해하지 못하는 어머니를 피하고 싶었던 희원씨는 기숙사 생활을 하는 고등학교에 진학했다. 하지만 그곳도 안전하지 않았다. 결국 학업중단을 택하고 집으로 돌아오던 날, 부모님은 그가 트랜스 남성임을 알게 됐다. 어머니는 "희원아, 네가 쉬운 길을 걸어가면 좋겠다"고 했다. 하지만 아버지는 "네 말이 사실이 아니었으면 좋겠다"면서 "남자가 되고 싶은 거냐?"고 물었다. 희원씨는 마음속으로 생각했다. '저는 남자가 되고 싶은 게 아니라 그냥 남자예요.' 그 뒤로 두 사람은 한참 동안 말도 섞지 않았다.

1년여가 지나고 아버지와 희원씨의 관계는 겉으로는 원만한 것처럼 보였다. 아버지는 희원씨가 커밍아웃을 했다는 사실 자체를 기억하지 못하는 사람처럼 행동한다. 마치 자신이 기억하지 않으면 사실이 아니게 된다는 듯이. "주변 트랜스젠더 친구들에게 물어보니 보편적인 반응이라고 하더라고요." 성별 불쾌감이 심해져 집에서 눈물을 쏟을 때도 희원씨를 찾아오는 건 어머니뿐이었다.

어머니는 주 양육자, 아버지는 보조 양육자로 여겨지는 한국사회에서는 어머니가 자녀의 성정체성을 먼저 알아채거나 당사자가 어머니에게만 커밍아웃을 하는 비중이 높다. 취재팀의 설문조사에서도 부모님이 성정체성을 알고 있는 경우 그 비율은 어머니가 46%, 아버지가 34.4%로 나타났다. 그나마도 15~18세 응답자로 좁히면 어머니가 성정체성을 알고 있는 경우는 31.8%, 아버지는 22.7%로 더 줄어들었다. 이렇게 부모 사이에서도 격차가 크게 벌어진다는 건 평소 자녀를 이해해보려고 노력하는 아버지가 많지 않기 때문일 것이다. 취재팀이 사전조사를 위해 몇 달간 성소수자부모모임의 정기모임을 참관하는 동안에도 그곳에서 성소수자의 아버지를 만나는 경우는 극히 드물었다. 20여 명에 이르는 모임 참석자 가운데 아버지는 많아봐야 1명에 그쳤다. 보수적이고 가부장적인 아버지가 어떻게 나올지 몰라 우선 어머니 혼자만 자녀의 성정체성을 알고 지내기도 한다. 한 성소수자부모모임 참석자는 "애가 트랜지션을 시작했는데 아빠한테는 아직 말하지 말자고 했다"고 말했다. "애 아빠랑 같이 오려고 했는데 어쩌다 보니 혼자 왔다"라거나 "저번에는 애 아빠도 왔는데 이번에는 저만 왔다"라는 말 등은 쉽게 들을 수 있는 이야기였다.

아버지나 남자 형제와 트랜스젠더 당사자인 자녀 사이에 불화가 있다는 고민도 자주 등장했다. 한 어머니는 "애가 울며불며 전화를 했다. 애는 아빠한테 동성애에 대해 토론을 해보자고 했는데 애 아빠가 '그런 주제로 얘기하기 싫다'고 한 거다"라며 고민을 털어놨다. 또 다른 어머니는

"애 아빠는 거의 호모포비아인데 아이 오빠는 더 심하다. 왜 이렇게 됐는지 모르겠다. 무의식 중에 군대가 한국사회에 남긴 트라우마가 있는 건지 추측만 한다. 가족과도 가족 이야기를 못하게 된 게 힘들다"고 토로했다.

부모가 아닌 가족 구성원으로 범위를 넓혀도 당사자의 성정체성을 아는 이는 드물었다. 취재팀의 설문조사에서 부모가 아닌 직계가족이 성정체성을 안다고 응답한 경우는 32.1%에 불과했다. 15~18세는 그 비율이 16.7%로, 또다시 절반 수준으로 낮아졌다. 다른 친척이 성정체성을 아는 경우는 13.4%로 나타났고, 이 또한 응답자를 15~18세로 좁히면 6.1%에 그쳤다. 물론 이는 실제보다 적게 측정됐을 가능성도 있다. 우리가 만난 이들은 자신보다 어린 형제자매가 자신의 "성정체성을 알고 있을 것"이라고 짐작했기 때문이다. 하지만 직접적으로 말을 꺼내기를 주저하는 경우가 적지 않았다. 희원씨 또한 자퇴를 하고 집에 돌아왔을 무렵 한 살 어린 여동생으로부터 실로 만든 무지개 팔찌를 선물받았다고 했다. 팔찌에는 '러브 이즈 러브love is love'라고 적혀 있었다. 희원씨는 "동생이랑은 데면데면한 편이라 커밍아웃은 하지 못했는데, 제가 퀴어인 걸 알고 있는 것 같다"고 했다. 부모와의 관계가 원만하지 않은 상황에서 다른 가족 구성원과 자신의 성정체성에 대해 대화를 나누기란 쉽지 않다.

미성년자인 동생이 부모의 보호막 안에서 안정적으로 지낼 수 있기를 바라는 마음도 크다. 트랜스 여성이자 대학생인 김신엽(22세·실명)씨는 곧 성인이 되는 동생과 어떻게 이야기를 나누면 좋을지 고민하고 있었다. "동생은 늘 저를 '형'이라고 부르는데, 부모님 탓이라고 생각해요. 동생이 부모님 집에 살면서 어머니와 아버지의 영향을 많이 받을 테니까요. 얼마 전에도 아버지가 동생에게 저를 '형'이라고 지칭해서 화를 낸 적이 있어요. 주변에 열여덟 살인 후배들은 저를 여성으로 받아들이고 있으니, 동생이 독립을 하면 관계를 다시 풀어나가고 싶어요."

그렇다면 청소년 트랜스젠더는 누구에게 자신을 드러낼까. 성소수자 친구나 지인이 자신의 성정체성을 알고 있다는 응답은 84.4%에 이르렀다. 비성소수자 친구나 지인이 알고 있다는 응답도 45.1%나 된다. 특히 15~18세 응답자에서 가족보다 주변 지인들에게 성정체성을 털어놓는 경향이 두드러진다. 15~18세의 72.7%는 성소수자 친구나 지인이 자신의 성정체성을 알고 있다고 답했고, 비성소수자 친구나 지인이 알고 있다는 응답도 34.8%로 어머니에게 털어놓았다(31.8%)는 응답보다 높게 나타났다.

청소년 트랜스젠더가 혈연보다 친구에게 기대게 되는 이유는 간단하다. 위기의 청소년 트랜스젠더에게 혈연은 때로 허울뿐인 고리에 불과하기 때문이다. 어떤 가족은 가족이라는 이유로 폭력을 정당화한다. 성정체성을 알게 된 가족들은 대개 그 사실 자체를 모른 체하거나(55.2%) 대화를 단절(40.5%)했다. 물리적 폭력을 가하거나 폭언을 쏟아내는 경우도 적지 않다. 가족으로부터 언어폭력을 경험한 적이 있다는 응답은 44.8%나 됐고, 원하는 성별 표현을 저지당한 경우도 40.5%로 나타났다. 나아가 전환치료를 강요하거나(15.5%), 경제적 지원을 끊는 경우(13.8%)도 적지 않았다. 12.9%는 신체적 폭력에 노출됐다.

탈가정, 청소년 트랜스젠더들의 생존법

부모가 무심코 던지는 혐오 발언이 상처를 주기도 한

다. 도윤씨는 회상한다. "트랜스젠더에 대한 사람들의 인식이 좋지 않다는 건 알고 있었는데, 어릴 때 부모님이 동성애자가 '더럽다'고 한 게 떠올라서 겁이 났어요. 살려면 독립하기 전까지 말하지 말아야지 결심했죠."

하지만 성별 불쾌감은 갈수록 심해졌다. 입시 스트레스로 고등학교 1학년 때 학교를 그만둔 도윤씨는 "자퇴가 트랜지션에 도움이 되겠다"고 생각했다. 한국에선 학교를 다니며 성확정을 위한 의료적 조치를 받기가 불가능에 가깝다고 판단했기 때문이다. 게다가 도윤씨가 다니던 고등학교는 기독교단체가 운영하는 미션스쿨이었다. 수업 시간 중 진화론이 과학적으로 잘못됐다는 이야기를 공공연하게 발언하는 교사도 있었다. 짧은 머리에 바지 교복을 입은 도윤씨에게 한 선생님은 "너 설마 트랜스젠더 아니지?"라고 묻기도 했다. 이런 학교를 다니면서 의료적 트랜지션을 시작한다면 아우팅을 당할 게 뻔했다.

검정고시에 합격한 도윤씨는 바로 부모님께 커밍아웃을 했다. "네가 어려서 그렇다"는 아버지를 설득하기 위해 서울에 있는 병원까지 수소문해 찾아갔다. 정신과에서 진단서까지 받아 자신을 '증명'한 뒤에야 아버지는 현실로 받아들이는 눈치였다. 하지만 몇 달 뒤 태도가 돌변했다. 돈가스를 사주겠다던 아버지는 도윤씨를 어느 '스님'에게 데려갔다.

아버지는 정체를 알 수 없는 이를 '스님'이라 부르며 "저희 딸아이가 성전환을 하겠다는데, 이거 해도 되는 겁니까"라고 물었다. 스님이란 사람은 "벌이 꽃을 따라가듯 자연의 섭리가 있다. 안 될 일"이라며 입을 열었다. 그러더니 난데없이 도윤씨에게 '남자 귀신'이 붙었다고 했다. "딸한테 붙은 남자 귀신을 떼어내겠다"며 손으로 도윤씨의 온몸을 누르기 시작했다. '스님'이라 불리면서도 그는 도윤씨에게 소고기나 돼지고기 같은 고기를 먹으라고 했다. 도윤씨는 말이 되느냐고 저항하고 싶었지만 아버지가 더 폭력적으로 대응할까 두려웠다. 예전에도 차 안에서 어릴 적 있었던 일을 이야기하며 펑펑 우는 도윤씨를 내리라고 다그친 적 있는 아버지였다. 어머니도 그의 고집에 손든 지 오래였다. 도윤씨의 편은 없었다. 그렇게 도윤씨는 전환치료를 가장한 굿판에 두세 번 더 끌려갔다. '기를 불어넣는 굿판'은 일주일 동안 이어졌다. "땡중은 아버지한테 일주일이면 남자 귀신이 퇴치될 거라고 했는데, 당연히 될 리가 없잖아요. 그제야 굿이 끝났죠."

　신엽씨도 성정체성을 알게 된 어머니로부터 가정폭력을 당했다. 대학교 2학년 가을, 신엽씨는 스웨덴으로 교환학생을 떠났다. 한국에서처럼 자신을 숨기지 않아도 되는 곳이었다. 그곳에서 트랜스젠더는 낯선 존재가 아니었다. 하지만 스웨덴에서의 삶을 어머니에게 들켜버린 게 화근이었다.

　어머니는 동생과 함께 스웨덴으로 신엽씨를 만나러 왔다. 어느새 익숙해진 스톡홀름 곳곳을 여행하는 평범하고 따뜻한 나날이었다. 스톡홀름 시청을 가기로 한 날, 아침에 눈을 뜬 신엽씨는 방 분위기가 이상하다는 걸 감지했다. 굳은 표정의 어머니는 "너 이게 뭐냐"고 물었다. 어머니가 손에 쥔 것은 '김신엽, 여성 인칭대명사(she/her)'라고 적힌 이름표였다. 신엽씨는 당황했지만 대수롭지 않은 일인 양 차분하게 반응했다. "그냥 이름표예요."

　하지만 그날부터 어머니는 신엽씨를 철저히 무시했다. 가이드를 하기로 했던 시청에 함께 가서도 어머니는 신엽씨의 설명을 듣지 않는 체했다. 거리를 두고 따라오며 일부러 동생만 챙기는 티를 냈다. 신엽씨가 분위기를 바꿔보

신엽씨의 손에 트랜스젠더를 상징하는 배지가 들려 있다. 교환학생 시절 그는 자신의 성정체성을 알리는 'she/her' 배지를 달기도 했다.

려 "여기 되게 멋지지 않아요?"라고 말을 붙여도 어머니는 아무런 대꾸를 하지 않았다. 언제나 '자랑스러운 아들'이었던 신엽씨는 그때부터 투명인간이 됐다. 그렇게 어머니가 한국으로 돌아갈 때까지 지옥 같은 2주가 이어졌다.

어머니가 먼저 말을 걸 때도 있기는 했다. 레즈비언 커플에 대한 기사를 들고 와서는 "너 이거 어떻게 생각하냐"고 다짜고짜 쏘아붙이는 식이었다. "이게 뭐 어때서요." 어머니는 불같이 화를 내며 속사포처럼 말을 쏟아냈다. "뭐? 주변 사람들은 어떻게 하고? 가족들은 마음이 어떻고……" 신엽씨는 어머니를 신고할까 고민도 했다. "그래도 이곳은 내가 사는 곳인데, 이런 처우를 받는 게 말이 되나 싶었죠." 한국에 돌아가는 것마저 두려워진 신엽씨는 여기저기 조언을 구하다 성소수자 난민 전문 변호사로부터 "[한국 정도의 상황이라면] 난민 신청이 가능하다"는 말도 들었다.

그 이후 신엽씨는 고민 끝에 난민으로 인정받기 위해 노력하기보다 한국에서 싸워볼 것을 결심했다. 그렇게 한국행을 택했다. 처음에는 부정해도 시간이 지나면서 받아들이는 부모들이 있다고 하니, 자신의 부모에게도 변화의 가능성이 있지 않을까 기대했다. 신엽씨를 지지해주는 친구들도 한국에 있었다. 하지만 학기를 마치고 한국에 돌아왔을 때, 폭언의 수위는 시간이 지날수록 높아지기만 했다. 코로나19 유행으로 집에 머무는 시간이 늘어난 것도 원망스러웠다. 도망칠 곳이 없었다.

독실한 개신교 신자인 어머니는 더러운 것을 보듯 경멸하는 눈빛을 보냈다. 신엽씨가 다니는 성소수자 친화적인 교회를 못마땅해하며 "거기 교회가 맞니? 설교나 한번 들어보자"며 감시하려 하기도 했다. 또한 신엽씨는 어머니의 성희롱 때문에 마음이 늘 불안했다. 어머니는 뒷모습을 뚫어져라 쳐다보다가 "너 몸이 이상해 보이는 거 아니냐" "너 밖에 나가서 아무나랑 이상한 짓 하고 다니는 거 아니냐"라는 말을 서슴없이 했다. "저는 과외 수업을 가고 동아리활동을 다닌 건데, 어머니는 제가 트랜스젠더라는 이유만으로 저를 송두리째 부정한 거잖아요. 심지어 단톡방 성희롱과 다름없는 말을 저한테 한다는 게 배신감이 컸어요."

물리적 폭력까지 시작됐다. 잠든 사이 어머니가 머리를 쥐어박아 깨는 날이 반복됐다. 그럴 때마다 신엽씨는 자는 척을 하며 몸을 뒤척였다. 어머니의 폭력이 끝나길 기다리며. 낮이면 어머니는 주방에서 눈에 보이는 식기를 집어

던졌다. 어느 날은 어머니가 갑자기 몸을 더듬었다. 의료적 트랜지션을 했는지 확인하려는 것이었다. "이건 성추행"이라며 거부하는 신엽씨에게 어머니는 "내가 네 엄마야. 내 아들 몸인데 뭐가 어때서"라며 개의치 않는다는 듯 멈추지 않았다. "죽여버리겠다"는 폭언도 일상이 됐다. 신엽씨가 집을 떠나 갈 곳이 없다는 사실을 알아서였을까, 가정폭력은 멈추지 않았다.

또 다른 보호자 역할을 해야 할 아버지도 어머니를 말리지 않았다. 오히려 "네가 생각해봐라. 갑자기 자녀가 이렇게 됐는데 어떻겠느냐"며 어머니를 두둔할 뿐이었다. 신엽씨를 이해하려는 노력은커녕 '딸'이라고 불러달라는 신엽씨의 요구에도 늘 '아들'이라고 지칭했다. 신엽씨가 호칭을 정정해도 부모님은 미안해하는 기색 한번 없었다.

폭력의 수위가 갈수록 높아져만 가자 불현듯 강렬한 공포가 스쳤다. "지금 집에서 나가지 않으면 무슨 일이 벌어질지 모르겠다." 신엽씨는 어린 동생에게 가족이 이런 모습을 보이는 것도 학대라고 생각했다. 결국 무작정 짐을 챙겼다. 그 모습을 어머니는 눈을 크게 뜨고 노려봤다. "너 어디 가니? 너 설마 집 나가면 어디 두고 보자." 빨리 피해야 했다. 옷 한 벌 제대로 챙기지 못하고 "친구한테 갈 거예요" 라고 둘러대며 방문을 열었다. 어머니가 언성을 높였다. "그 친구가 누군데? 내가 걔 가만히 안 둔다"라며 쫓아왔다. 기어이 엘리베이터까지 따라 탔다. 신엽씨는 엘리베이터 문이 열리자마자 뒤도 돌아보지 않고 뛰기 시작했다.

그렇게 신엽씨는 동아리방에서 노숙을 시작했다. 신엽씨가 재학 중인 대학은 대부분의 학생이 기숙사에서 지냈지만 신엽씨에겐 이 또한 선택지가 될 수 없었다. 1인실이 있더라도 남학생 기숙사와 여학생 기숙사로 건물이 구분되어 있었기 때문이다. 신엽씨는 도저히 남학생 기숙사 건물에서 지낼 수 없었다. "거기선 제 안에 있는 시한폭탄이 언제 터질지 모른다는 두려움이 컸어요. 주민등록증을 내야 할 때나 휴대폰으로 본인 인증을 할 때 성별이 남자로 표시된 걸 보면 괜찮다가도 갑자기 너무 화가 나고 우울해서 아무런 일도 할 수 없을 때가 와요."

노숙에 가까운 생활에도 신엽씨의 마음은 한결 편했다. 다행히 신엽씨가 활동하던 학생·소수자인권위원회에서 사정을 듣고 동아리방에서 계속 지낼 수 있게 해주었다. 주거를 무기로 자신을 위협하던 가정을 떠난 신엽씨는 그렇게 학교에서 커밍아웃을 했다. "가족이 내 편이 되어주지 않으니, 나를 지지해주고 있는 그대로 받아들여줄 친구들을 찾을 방법이었어요."

그렇게 네 달여 동안 친구나 선배의 자취방, 아는 언니의 집 등을 전전했다. '오늘은 어디서 지내지' 고민할 때마다 "우리 집에서 묵고 가"라고 말해주는 이들이 신엽씨를 살게 했다. 장학금을 받아 학업을 포기하지 않을 수 있었지만 생활은 넉넉하지 않았다. 끼니를 거르거나 삼각김밥이나 라면으로 때울 때가 부지기수였다. 비로소 얻은 자취방을 채운 물건 대부분도 누군가 챙겨준 것들이었다. 친구들은 집들이 선물이라며 옷이나 헤어드라이어, 샴푸, 이불 등을 바리바리 싸서 쥐여줬다. 신엽씨는 밝은 목소리로 말했다. "이제야 안심할 수 있는 진짜 내 집이 생긴 기분이에요. 폭력이나 공격에 마음 졸이며 살지 않아도 되는 공간이니까요. 나를 괴롭게 할 사람은 들이지 않을 수 있고요."

탈가정을 하고 몇 달 동안은 매일같이 어머니에게 문자가 왔다. 집으로 돌아오라고 회유하거나, 신엽씨나 친구들을 원망하는 말들이었다. 가끔 미안하다는 말도 있었지만 진심으로 다가오지는 않았다. 동성애와 관련된 설교 영상도 종종 있었다. 혹시나 하는 마음에 문자를 읽다가 답하지 않고 넘기기를 반복했다. 성소수자에 대한 혐오를 퍼뜨리는 일부 교회에 대한 실망이 컸는데, 어머니가 직접 그런 설교를 보내는 건 또 다른 충격이었다. 안전을 위해선 집으로 돌아갈 수 없다는 생각만이 확고해졌다.

신엽씨가 집을 나온 지도 어느새 2년에 가까운 시간이 흘렀지만 어머니는 여전히 신엽씨를 받아들이지 않고 있다. 짐을 챙기기 위해 잠시 집에 들렀을 때도 어머니는 신엽씨의 바뀐 옷차림을 두고 동생에게 흉을 봤다. "인형 옷 입히기 하는지, 저게 뭐니……"

하지만 이렇게 자신을 부정하는 가족이라도 단호하게 관계를 끊어내기란 쉽지 않다. "인스타그램에 친구들이 엄마랑 맛집을 가거나 나들이를 가는 사진을 올려요. 집에 있을 때는 그런 사진을 보면 부러웠어요. 엄마가 사과를 하는 건 하나님에게 회개하는 행위일 뿐인 걸 알면서도 언젠가는 바뀌겠지 기대했어요. 머릿속으로 제 마음대로 상상했죠. 엄마랑 퀴어퍼레이드를 가거나 엄마가 성소수자부모 모임에서 활동하는 장면도 그려봤어요. 집을 나오고 나니 그랬던 제 자신이 너무 한심해요. 양치기 소년의 거짓말을 계속 믿어준 마을 사람들처럼 엄마의 사과를 믿어줬다는 게요." 시종일관 꿋꿋한 표정으로 말을 고르던 신엽씨의 얼굴에 순간 슬픔이 비쳤다.

신엽씨의 경우처럼 탈가정은 청소년 트랜스젠더에게 자신을 지키기 위한 마지막 선택지가 되는 경우가 많다. 15~18세 청소년 트랜스젠더 응답자의 62.1%는 탈가정을 고민했고, 12.2%는 실행했다. 성인이 된 후엔 실행에 옮기는 비율이 더 높아졌다. 19~24세 청소년 트랜스젠더 가운데 75.9%는 탈가정을 고려했고, 41.7%는 집을 떠났다. 이들은 평균 16세의 나이에 자유를 찾기 위해서(65.5%), 가정폭력(49.1%)과 성정체성에 따른 갈등(45.5%)으로부터 벗어나기 위해서 이미 허물어진 울타리를 넘었다.

청소년 성소수자 위기지원센터 띵동의 정용림 활동가는 "탈가정한 청소년 트랜스젠더가 안전하게 머물 수 있는 공간 마련이 시급하다"면서 "정신과 상담이나 진단에 대한 부모 동의를 얻기 어려운 상황을 고려해 청소년 트랜스젠더에 대한 상담 지원이 필요하다"고 강조했다.

고강도·저임금 노동에 뛰어드는 청소년들

가정을 떠난 대부분의 청소년 트랜스젠더는 가족으로부터 정서적·경제적으로 고립된다. 탈가정을 실행한 청소년 트랜스젠더 중 54.5%는 가족 구성원 모두와 연락을 끊었다고 답했다. 탈가정한 15~18세 청소년 트랜스젠더 중 80%는 가족으로부터 아무런 경제적 지원을 받지 못했다. 이들은 자연스럽게 아르바이트 시장으로 내몰린다. 생계는 물론이고 의료적 트랜지션 비용도 마련해야 하기 때문이다. 몸이 두 개라도 부족할 정도다. 호르몬치료나 외과적 수술은 성형 수술과 마찬가지로 비급여 항목이다. 부모로부터 이해받지 못하거나, 가정이 경제적으로 여유롭지 않다면 수천만 원에 이르는 비용을 감당하기란 더욱 어려워진다.

도윤씨 또한 고등학교를 검정고시로 마친 뒤 안 해본 아르바이트가 없었다. 5년 동안 열 가지 이상의 아르바이트를 거쳤다. 피시방, 고깃집, 모델하우스 분양상담사, 편의점, 콜센터, 공장까지 주로 야간 아르바이트를 많이 했다. 시급을 조금이라도 더 많이 쳐주기 때문이다. 아르바이트마다 짧게는 한 달, 길게는 1년까지 일했는데, 되짚어보면 일을 아예 쉰 적은 가슴절제 수술 직후 두 달뿐이었다. 회복 이후 도윤씨는 곧바로 다시 야간 아르바이트를 시작했다. "처음 가슴절제 수술을 받기 전까지 돈을 모았던 시기를 생각하면 군대에 있던 일 회상하는 느낌이에요. 그 정도로 힘들었으니까. 트랜스젠더들끼리는 수술비 모은 시간을 군대 얘기처럼 해도 '합법'이라고 농담을 해요."

동휘씨는 열일곱 살에 자퇴하면서 어머니에게 트랜스 남성으로 커밍아웃했다. 그리고 집을 떠났다. 트랜지션에 필요한 의료비를 지원해줄 만큼 집안 사정이 넉넉하지 않다는 것도 알았다. 무엇보다 아버지로부터 가정폭력에 시달린 어머니는 낯선 남성을 두려워했다. 버스에서 빈자리가 생겨도 옆에 남성이 앉아 있다면 절대 앉지 않는 어머니였다. 동휘씨는 그런 어머니가 '레즈비언 딸'까지는 이해할지 몰라도 호르몬치료를 시작한 자신의 모습은 무서워할 거라고 생각했고, 그런 생각에 마음이 찢어졌다. 만약 아버지가 성정체성을 눈치챈다면 폭력을 휘두르지 않을까 염려도 됐다.

그렇게 집을 나온 동휘씨는 또래 성소수자 친구와 원

룸을 얻어 살았다. 탈가정 청소년을 위한 쉼터가 있지만 역시나 남녀로 구분되는 경우가 대부분이라 동휘씨에겐 무용지물이었다. "여자애들만 받는 쉼터도 많고, 퀴어 프렌들리한[성소수자 친화적인] 선생님을 만날 가능성도 거의 없으니까요." 이는 탈가정한 청소년 트랜스젠더 대부분이 지인이나 친구의 집(72.7%)으로 향하는 이유이기도 하다. 탈가정 청소년을 위한 시설에 머무른 이들은 10.9%에 불과했다.

한편, 생계와 의료적 트랜지션에 필요한 돈 때문에 노동시장으로 내몰린 청소년들이 괜찮은 일자리를 찾기란 하늘의 별 따기다. "청소년이라고 잘 뽑아주지도 않는데 트랜스젠더는 성별까지 애매모호해 보이잖아요. 법적 성별이 여성이니까 서비스직이면 '여성다움'을 원하고요. 그러니까 힘든 일을 할 수밖에요."

그 때문에 이들은 불합리한 처우도, 고강도 노동도 이를 악물고 견딘다. 동휘씨는 온라인에서 중고물품 판매자로 이불을 팔기도 했고, 도시락공장에서 도시락을 만들기도 했다. 고정 아르바이트 자리를 구하지 못하면 쿠팡물류센터나 택배 상하차 일용직으로 일했다. 친구들은 시급을 조금이라도 더 받을 수 있는 편의점 야간 아르바이트를 많이 했다.

하지만 어렵사리 구한 일터에서도 '남자냐, 여자냐'는 추궁은 계속됐다. 정신건강이 큰 위협을 받을 때도 있다. 우현씨는 반년을 일하던 곳에서 공황장애로 쓰러져 응급실에 실려 갔다. "주민등록번호를 볼 수 있는 직급의 사람들은 제가 여자라고 생각했는데, 나머지 사람들이 저를 두고 '쟤는 성별이 뭐냐' '그럼 군대는 어떻게 하냐'는 식으로 뒷말을 했다는 걸 알게 된 날이었죠."

트랜스젠더라는 이유로 언제든지 해고될 수 있다는 두려움도 느낀다. 영씨는 온라인 쇼핑몰에서 물건을 포장하고 나르는 아르바이트를 하다 얼마 전 해고됐다. 대표는 "트랜스젠더여도 이해한다"고 했지만, 가슴절제 수술을 받기 위해 잠시 일을 쉰 뒤로 더는 영씨를 찾지 않았다. 2021년 9월 영씨가 주민등록증을 발급받은 뒤 일자리 찾기는 더 어려워졌다. "다른 사람 이름을 빌려서 일하는 사람들도 있긴 해요. 저는 힘 쓰는 일을 많이 하는데, 산업재해라도 발생하면 보상을 받을 수 있을까요. 남의 이름으로 일하다 임금이 떼이면 어떻게 항의하고요."

청소년 트랜스젠더 인권모임 튤립연대의 한 활동가는 "학교와 가정, 사회로부터 배제된 청소년 트랜스젠더는 학업이나 진로를 포기하고 저임금 노동에 내몰릴 수밖에 없는 게 현실"이라면서 "어떻게든 살아보겠다고 발버둥 치는 이들에게 아무런 지원도 없이 '더 나은 미래를 꿈꾸라'고 말만 하는 건 가혹한 일"이라고 말했다.

노동시장에서도 '성별'은 여전히 족쇄

도윤씨가 열여덟 살 무렵 구한 첫 일자리는 고깃집 서빙 아르바이트였다. 여성만 뽑는 곳이었는데, 당장 아르바이트 자리가 구해지지 않다 보니 일단 모험을 하기로 했다. 당시는 도윤씨가 호르몬치료를 시작한 지 3개월쯤 지나 목소리가 변성기에 들어선 남학생처럼 낮아지기 시작할 때였다. '언제까지 여자로 보이면서 여기서 일할 수 있을까' 걱정하다가도 '아직도 남자가 아니라 여자로 보인다니'라는 생각에 좌절하곤 했다. 손님들이 '아가씨'라고 부를 때면 확 성질이 났다. "여자로 19년을 살았지만 너무 짜증 나잖아요. 한창 페미니즘에 관심도 가질 때라 더 화가 나더라고요." 그럴 때면 일부러 더 걸걸한 목소리를 내며 대답했다.

일 자체도 쉽지 않았다. 주변에서 소문난 악덕 사장이었던 고깃집 주인은 빨리빨리 움직이라며 윽박지르기 일쑤였다. 같이 일한 친구들은 대부분 두세 달만 하다 그만두었다. 하지만 하루빨리 돈을 모아서 집을 나가야 하는 도윤씨로선 이것저것 가릴 처지가 아니었다. 집에서는 아버지가 도윤씨의 성정체성을 바꿔보겠다며 전환치료를 시작했을 무렵이다. 별다른 이력도 없고 나이도 어린 도윤씨를 받아주는 일자리는 적었다. 주방과 홀을 뛰어다니다 보면 온몸은 금세 땀으로 흠뻑 젖었다. 집으로 돌아가는 버스에서는 옷에 밴 고기 냄새에 눈치가 보였다. 강도 높은 노동에 그만두는 아르바이트생은 늘었는데, 소문이 난 탓인지 대체할 일손은 구해지지 않았다. 평일만 일을 하기로 했는데 어쩌다 보니 한 달 중 쉬는 날은 단 하루가 됐다. 6개월을 꼬박 일하자 300만 원이 모였다. 가슴절제 수술을 받을 수 있는 돈이었다. 그해 10월, 도윤씨는 병원으로 갔다.

트랜지션을 계속하려면 돈을 더 모아야 하건만, 가슴절제 수술을 받은 뒤 아르바이트 자리는 더 구하기 어려워

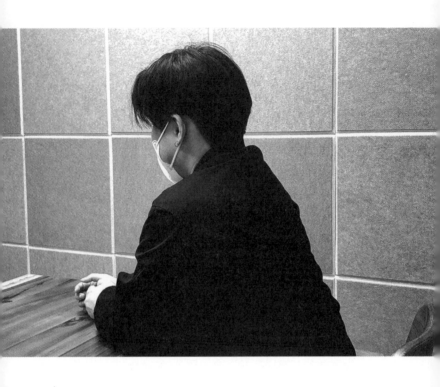

도윤씨는 일자리를 찾아 여러 도시를 옮겨 다녔다.

겼다. 아직 신분증에 표기된 성별은 여성이었다. 도윤씨는 부산을 떠나 서울로 향했다. 온라인 친구를 통해 소개받은 콜센터 일자리는 수화기 너머로 도윤씨의 모습이 보이지 않으니 성별도 상관이 없었다. "제 법적 성별은 여성"이라는 도윤씨에게 관리자는 "아, 그러세요?"라는 짧은 한마디만 건넸다.

성별에 구애받지 않는 분위기였지만 그곳에서도 난관은 있었다. 화장실이었다. 도윤씨는 남자화장실에서 좌변기 칸으로 들어가 소변을 볼 때마다 전전긍긍했다. 다른 사람에게 소리가 들릴까 신경 쓰였다. 인기척을 느끼면 밖으로 나가지 않았다. 트랜스 남성이었던 도윤씨의 전 애인이 겪은 일이 떠올랐다. 누군가 화장실에서 애인을 보곤 그의 상사에게 "쟤는 여자냐?"고 물은 탓에 한동안 퍽 곤란했던 것이다. "마음껏 소변을 볼 권리는 있어야죠. 되도록 신경을 안 쓰려고 해요." 도윤씨는 희망을 담아 말했다.

타지 생활에 지쳐갈 즈음, 트랜지션을 준비하는 친구들이 공장에서 함께 일하자고 제안했다. 마침 공장은 도윤씨의 고향에서 한 시간 정도 떨어진 소도시에 있었다. 당장 지원서를 보내고 짐을 쌌는데, 정정하지 못한 주민등록번호 뒷자리 2가 발목을 잡았다. 호르몬치료를 시작한 지 수년이 지난 도윤씨를 여성으로 보는 이는 이제 드물었다.

어찌 된 일인지 묻는 사장에게 도윤씨는 "행정 오류"라며 너스레를 떨었지만 "그래서 남자냐 여자냐, 어떻게 된 거냐"는 추궁이 돌아왔다. 사장이 도윤씨의 성별을 캐묻는 이유는 황당했다. 성별에 따라 시급이 달랐던 것이다. 성별 이분법은 언제나 예상치 못한 곳에서 찾아왔다. 말을 빙빙 돌리는 도윤씨에게 사장은 "혹시 트랜스젠더 그런 거냐"고 물었다. 어쩔 수 없이 커밍아웃을 했다. 노동강도가 높은 탓에 공장은 늘 인력난에 시달렸고, 결과적으로 사장은 도윤씨를 채용했다. 하지만 주어진 시급은 '여자 시급'이었다. "무거운 물건을 들거나 힘을 쓰는 일을 남자들한테 시킨다고 시급을 20원 정도 더 준다고 하더라고요. 그런데 막상 입사해보니 서로 딱히 구분 없이 일을 해서, 이해할 수는 없었죠. 얼마 뒤에 결국 9800원으로 같아졌어요."

오전 8시 30분부터 늦게는 오후 8시까지 컨베이어벨트에 맞춰 일하다 오면 진이 다 빠졌다. 예전 같았으면 몇 달 하다 그만뒀을 텐데 그래도 이번 일은 제법 오래 버티고 있다고 했다. 같은 목표를 가진 친구들과 함께 지내서인지 얼굴도 부쩍 밝아 보였다. 하지만 성확정 수술을 받으려면 앞으로 400만 원은 더 모아야 한다. 수술하고 회복하는 동안 쓸 생활비도 필요하다. 앞으로의 계획을 설명하던 도윤 씨는 마시고 있던 2000원짜리 아이스 아메리카노를 내려다보더니 머쓱하게 웃었다. 마치 퇴근 뒤 잠깐의 휴식도 사치라는 듯 민망함을 내비치는 것 같았다.

"지출을 아껴서라도 늦어도 내년 초까지는 필요한 돈을 모아야죠. 예전엔 수술받을 생각을 하면 무서웠는데요. 이제는 돈이 더 무서워요." 도윤씨는 인터뷰하는 동안 공장의 남빛 작업복을 입고 있었다. "만약에 성별정정을 안 해도 됐다면 지금쯤 대학에 다니고 있을 텐데, 많은 게 미뤄졌네요. 성별정정을 하고 내후년에는 대학에도 가고 워홀 [워킹홀리데이]도 가보고 싶어요."

운에 기대야 하는 고용 안정성

학원에서 강사 자리를 구한 신엽씨는 일하는 곳에서 만큼은 최대한 성정체성을 숨겼다. 그는 4년여 동안 집에서 한 시간 반 거리에 위치한 소도시의 한 학원에서 수학 경시대회를 준비하는 학생들을 가르쳤다. 원피스를 입고 학교에 갔다가도 출근하기 전에는 꼭 옷을 갈아입었다. 일을 계속해야 생계를 이어갈 테니 모험을 할 수는 없었다. 학원에서 만나는 이들은 신엽씨를 '머리 긴 남자'로 여겼다. "그동안 쌓인 정이 있지만, 원장선생님이 여자분이신데 종교가 개신교라 어떻게 반응할지 모르겠더라고요."

그러던 중 의도치 않게 커밍아웃의 순간이 찾아왔다. 시간이 촉박해 옷을 갈아입지 못하고 원피스를 입고 출근한 날이었다. 아니나 다를까 원장은 신엽씨를 조용히 원장실로 불렀다. '이제 나는 잘리겠구나.' 어차피 몇 달 뒤면 서울에 있는 대학원에 진학할 계획이었으니 차라리 잘됐다고 생각했다. "이런 옷은 입고 오지 마세요." 그렇게 말한 원장도 원피스를 입고 있었다.

신엽씨는 솔직하게 털어놓았다. "원장님, 사실 저는 트랜스젠더예요. 학원을 빼고 학교에서는 오래전부터 여성으로 살아가고 있어요. 원장님이 학원에 원피스를 입고 오는 게 문제가 되는 일이 아니라면 저에게도 마찬가지라고 생각해요." 신엽씨의 말에 당황한 원장은 "알겠다"면서도 "입시 시즌이니 조금 자제하죠"라며 방을 나섰다.

그런 일이 있고 나서 어느 날, 원장이 신엽씨를 찾아왔다. "성별정정은 잘 진행하고 있어요? 신엽씨가 남자 선생님인지, 여자 선생님인지 묻는 학부모님이 한 분 있어요. 내가 어떻게 대답을 하면 될까요?" 예상 외의 질문이었다. 신엽씨는 '여자 선생님'이라고 말해달라고 했다. "알겠어요. 앞으로도 그런 질문이 들어오면 여자 선생님이라고 할게요." 이후 신엽씨는 입고 싶은 옷을 입고 학원에 출근하기 시작했다. '우리 애를 어떻게 트랜스젠더가 가르치느냐'는 학부모들의 항의가 들어올까봐, 반 학생들이 단체로 학원을 그만둘까봐 걱정도 했다. 하지만 별다른 일은 일어나지 않았다.

신엽씨는 이 일로 "스스로 우리 사회에 대해 지나치게 부정적으로 생각했던 게 아닐까 하는 생각이 들었다"면서도 자신은 "운이 좋은 사례"라고 강조했다. 트랜스젠더의 고용 불안정성은 익히 알려져 있다. 성별정정을 마친 적지 않은 트랜스젠더가 아예 퀴어 커뮤니티를 떠나 과거를 드러내지 않는 새로운 신분으로 생활하는 이유이기도 하다. 만약 당신이 '내가 속한 일터에는 트랜스젠더가 없다'고 단

신엽씨가 처음으로 샀던 원피스를 입고 학교 건물에 기대서 있다.

정할 수 있다면, 어쩌면 그곳은 트랜스젠더가 안전하게 일할 수 없는 일터일지도 모른다.

"실제로 많은 트랜스젠더가 아르바이트를 하다가 성정체성이 노출되면 해고를 당해요. 저는 트랜스젠더라는 입장에서는 소수자이지만, 어떤 측면에서는 다른 사람이 가지지 못한 권력을 가질 수 있다는 걸 늘 잊지 않으려고 해요. 수학 경시를 가르칠 수 있는 선생님은 많이 없잖아요. 앞으로 저도 언제든지 일터에서 트랜스젠더라는 이유로 불합리한 차별에 노출될 수 있겠죠. 그래서 저를 지켜줄 수단이 있어야 한다고 생각했어요. 로스쿨이라는 진로를 선택한 많은 이유 중 하나이기도 해요."

3

강요되는 인고의 시간,

진단에서 정정까지

취재 중 만난 한 판사는 말했다. "요즘 애들은 게임에서 캐릭터를 고르듯 자기 성별을 골라 살고 싶은가봐요." 그것이 판사 입에서 나온 말이라는 사실이 절망스럽지만, 아마 한국사회에서 성별정정을 바라보는 평균적인 인식도 이 정도가 아닐까. 순간적인 기분에 따라 여성을 택했다가, 한순간에 남성으로 돌아설 수도 있는 식의 변덕이라고 말이다.

하지만 현실은 전혀 그렇지 않다. 취재팀이 만난 청소년 트랜스젠더에게 성별정정은 남들처럼 평온한 일상을 영위하기 위한 최소한의 조건을 갖추는 일이었다. 성별정정이 모든 문제를 한 번에 해결해주지는 않지만, 적어도 신분증을 내밀 때마다 머뭇거리는 일만은 없애줄 수 있다. 일터에서 왜 이력서에 기재된 성별과 겉모습이 다르냐는 질문을 받지 않게 해줄 수 있다.

많은 청소년 트랜스젠더가 성별정정을 하고 싶어 하지만 현실은 녹록지 않다. 법원은 성별정정 요건으로 여전히 생식능력 제거와 외부성기 수술을 요구한다. 오랜 기간 받아야 하는 호르몬치료와 수천만 원이 드는 외과적 수술에는 아무런 제도적 지원이 없다. 학교와 가정 밖으로 내몰린 청소년 트랜스젠더는 성별정정을 위해 적어도 수년을 숨죽인 채 수술비를 모아야 한다. 한국사회는 이러한 상황을 그저 방관하고 있다.

선수 등록 희망했지만 체육회는 "수술하고 오라"

영씨가 자신의 성정체성을 확실히 알게 된 건 초등학교 5학년 때였다. 성별 불쾌감으로 인한 고통과 학교에서의 괴롭힘으로 결국 중학교 3학년 때 학교를 관뒀지만 가족만은 영씨의 편이 돼줬다. 할머니는 손주의 커밍아웃에 "내 새끼 행복하면 됐지 울고불고하는 것보다 낫다"며 영씨를 보듬었고, 형 또한 영씨를 하나뿐인 남동생으로 대했다. 짧은 스포츠머리에 건장한 체격인 영씨를 '여성'으로 인지하는 사람은 거의 없었다. 쉽게 패싱이 된다는 건 그만큼 성별 불쾌감이 덜할 수 있다는 걸 의미하기도 한다. 그러나 영씨의 주민등록번호 일곱 번째 자리에 남아 있는 4

라는 숫자는 내내 영씨의 발목을 잡았다.

영씨가 법적 성별이 곧 제약이라는 사실을 가장 많이 느낀 순간은 좋아하는 운동을 할 때였다. 남학생만을 대상으로 농구를 가르치던 한 스포츠센터는 겉보기에 '남학생'으로 여겨지는 영씨의 등록을 환영했다. 그러나 같은 학교에 다녔던 한 학생이 "쟤는 여자예요"라고 말하자마자 영씨의 등록을 거절했다. 수업료를 내겠다는 말도 소용이 없었다. 즐겨 하던 농구에서 마음이 떠난 영씨는 이내 수영에 관심을 가지게 됐지만 초등학교 때부터 여성들과 함께 샤워를 하는 데 거부감이 있던 터라 섣불리 도전할 수 없었다.

그렇게 방황하다 찾은 운동이 역도였다. 실력을 인정받아 코치에게 선수 등록까지 권유받으면서 이번만큼은 다를 거란 기대도 생겼다. 이마저도 법적 성별이란 커다란 문에 가로막힐 줄 영씨는 꿈에도 몰랐다. 선수 등록 신청을 받은 대한체육회는 "수술을 모두 받고 오지 않으면 남성 선수로는 등록을 해줄 수 없다"고 잘라 말했다.

영씨가 이런 일들을 겪는 동안 의료적 트랜지션을 전혀 진행하지 않은 것도 아니었다. 호르몬치료와 가슴절제 수술을 받고 싶었던 영씨는 이미 열다섯 살 때 정신건강의학과를 찾았다. 트랜스젠더가 의료적 트랜지션을 진행하려면 우선 신체적 성과 정신적 성의 불일치로 인해 극심한 갈등을 겪고 있다는 사실을 의학적으로 입증해야 한다. 의료적 조치를 시행하는 병원에서 이를 요구하기 때문이다. 정확히는 질병분류기호 F64.0(성전환증) 진단이 필요하다. 과거엔 이 진단명이 장애로 분류됐지만 현재는 성별 불쾌감을 겪는 '상태'를 의미한다. 대부분의 트랜스젠더가 청소년기에 성별 불쾌감을 경험하지만, 한국에서 십 대 청소년이 F64.0 진단을 받기는 쉽지 않다. 일단 부모가 동행해야만 진단할 수 있다고 하는 의료진이 많다. 가족에게 자신의 성정체성을 털어놓지조차 못하는 청소년 트랜스젠더들에겐 결코 쉽지 않은 일이다. 설령 보호자와 동행하더라도 정신적으로 성장하지 못한 상태로 보인다거나 호르몬치료나 외과적 수술 등 의료적 트랜지션을 할 나이가 아니라며 돌려보내는 일도 비일비재하다.

일찌감치 트랜스젠더로 정체화한 영씨 또한 이러한 상황을 경험했다. "F64.0 코드 대신에 호르몬치료까지 가능한 다른 코드를 내주더라고요. 그걸 가지고 내분비과에 가서 호르몬치료를 받고 싶다고 했는데 안 된다고 했어요.

열다섯 살밖에 안돼서 성호르몬에 영향을 받을 수 있다고요. 가족들이나 저의 의사는 아무런 소용이 없었죠." 영씨는 그날 병원 로비에서 눈물을 쏟았다. 자신이 생각하는 성 정체성과 다른 몸을 지니고 살아가야 한다는 생각에 절망감이 몰려왔다고 했다. 그럼에도 영씨는 포기하지 않았다. 온라인에서 찾아볼 수 있는 온갖 정보를 다 뒤졌고 그렇게 알게 된 한 비뇨기과 의사에게 직접 연락을 취해 자신의 상황을 설명했다. 다행히 의사는 보호자의 동의가 있다면 호르몬치료가 가능하다는 회신을 보내왔다. 그렇게 영씨는 호르몬치료를 시작할 수 있었다. "학교에 다닐 때부터 우울증과 불면증이 있었어요. 그런데 호르몬치료를 시작하자마자 그런 게 싹 나았어요. 신기했죠."

호르몬치료를 3년가량 받은 영씨는 가슴절제 수술, 이른바 '탑 수술'을 받았다. "주변에서 적게는 200만 원이 들었다는 사람도 있는데 보통 400만 원 정도 들어가는 것 같아요. 보험이 안 되니까 아무래도 비쌀 수밖에 없겠죠. 부가세(10%)까지 붙으면 더 부담스러워요. 가슴 사이즈에 따라 가격이 달라지기도 하는데 저는 요구 사항이 많아서 700만 원 정도가 들었어요." 법적 성별정정을 위해서는 가슴절제 수술을 비롯한 온갖 의료적 조치가 요구되지만 이에 필요한 의료비는 제도적으로 아무것도 지원되지 않는다. 여성형 유방증(남성의 가슴이 여성의 형태로 발달하는 증상)을 겪는 남성이 가슴을 절제할 때 보험 적용을 받을 수 있다는 점을 고려한다면, 과연 이러한 상황을 차별이 아니라고 할 수 있을까. 영씨는 700만 원이란 돈을 모으기 위해 밤낮으로 일해야 했다.

또한 영씨는 자궁적출 수술이나 외부성기 재건 수술(바텀 수술)까지 받을 마음은 없다. "가족이나 주변 사람 모두가 저를 남성으로 받아들이고 대하는데 성기가 있고 없고가 무슨 상관인가 싶어요. 위험한 것도 있지만 수천만 원이나 되는 수술비 감당은 어떻게 하겠어요."

그러나 영씨의 생각과 달리 성별정정에 대한 허가 권한을 가진 법원은 신청자가 가능한 한 모든 의료적 트랜지션을 받도록 하고 있다. 즉, 영씨의 주민등록번호에 있는 4라는 숫자를 3으로 바꾸려면 원치 않는 수술들을 해야 하는 상황인 것이다. 영씨는 이러한 성별정정의 불합리함에 맞서려 한다. 생식능력 제거와 외부성기 수술을 받지 않은 상태에서 법원에 성별정정을 신청한 것도 '할 수 있다'는 걸 보여주기 위해서다. 법원은 영씨의 신청을 1심에서 기각했고 영씨는 항소심을 이어가고 있다.

법관마마 다른 판단, 복불복 게임 된 성별정정

영씨가, 그리고 많은 트랜스젠더가 분투하고 있는 성별정정은 형식적으로는 사실상 이름을 바꾸는 절차와 거의 비슷하다. 가족관계등록부 정정 신청서를 작성해 법원에 제출하면 신청 사건을 맡은 판사가 사유 등을 판단해 허가 여부를 결정하는 식이다. 과거엔 이름을 바꾸는 것도 쉽지 않았다. 2005년에 이르러 대법원이 "개명 허가를 지나치게 제한할 경우 헌법상 인격권과 행복추구권이 침해된다"는 취지의 결정을 내리고 나서야 훨씬 수월해졌다. 당시법원은 "통상 부모에 의해 일방적으로 결정되는 이름에 대해 본인이 불만을 갖거나 그로 인해 심각한 고통을 받을 경우 평생 그 이름을 갖고 살아갈 것을 강요하는 것은 정당화될 수 없다"고 했다. 이후 2000년 기준 3만 3000여 건에 불과했던 개명 신청은 판결이 난 이듬해인 2006년 10만 건을 넘어섰다. 요즘엔 한글 이름이라 한자가 없어 불편하다는 사유만으로도 이름을 바꿀 수 있을 만큼 허들이 낮아졌다. 매년 적게는 12만 명, 많게는 13만 명이 개명을 신청한다.

성별정정은 어떨까. 성별은 엄격하게 고정된 것이라는 인식이 강하기 때문인지 그 절차와 과정이 훨씬 까다롭다. 성별정정을 위해 반드시 갖춰야 하는 법적으로 명시된 조건은 없지만, 법원은 내부적으로 성별정정 신청 사건에 대한 사무처리지침을 갖고 있다. 이러한 예규는 '성전환자의 성별정정허가신청사건 등 사무처리지침'이라는 명칭으로 대한민국 법원 종합법률정보 홈페이지https://glaw.scourt.go.kr 에 등록되어 있으며 누구나 전문을 살펴볼 수 있다. 법원은 "지침은 참고 사항일 뿐 판사는 자신의 재량에 따라 판단할 수 있다"고 말하지만, 대부분의 판사는 내부 지침 안에서 가능한 한 가장 보수적인 판단을 내린다. 내부 지침의 편협함을 벗어난 판단은 손에 꼽는다.

이 지침에 따르면 트랜스젠더는 정신과 진단에서부터 호르몬치료는 물론 부작용을 감수하면서까지 신체적으로 자신이 인식하는 성별에 가까워졌다는 점을 증명해야 한다. 사정이 이렇다 보니 미성년자는 성별정정을 신청할 엄두도 내지 못한다. 사무처리지침에서 '미성년자가 아닐 것'을 명시하기 때문이기도 하지만, 미성년 시기에 성확정 수술까지 받는 건 현실적으로 불가능에 가깝기 때문이다. 지침은 사회적으로 어떤 성별로 받아들여지는지도 살필 것을 권한다. 성별정정 신청자의 주변 사람들이 그를 '바꾸려 하는' 성별로 대하고 있는지를 살핀다는 의미다. 2018년까지는 신청자가 성인이라 할지라도 반드시 부모의 동의서가 있어야 했지만 2019년에 이르러 그러한 요건은 사라졌다. 이처럼 까다로운 조건이 보여주듯 법원은 성별정정을 마치 시스템을 뒤흔들 수 있을 만큼의 커다란 사건인 것마냥 취급하고 있다. 허상과도 같은 '사회 안정성'을 유지해야 한다는 생각에 정작 사람들의 행복과 안정, 건강과 같은 기본권이 침해받고 있는 현실을 제대로 살피지 못하고 있는 것이다.

트랜스젠더 당사자들은 이러한 상황을 누구보다 잘 알고 있다. 따라서 애초에 판사들이 트랜스젠더에 대한 이해가 풍부할 거란 기대를 하지 않는다. 주변에서 워낙 듣는 얘기들이 많다 보니 아예 아무것도 모르는 사람에게 차근차근 설명한다는 각오로 성별정정에 임하는 게 보통이다. 일례로 성확정 수술 뒤 법원에 성별정정 신청서를 제출한 트랜스 여성 슬씨는 판사로부터 "생리를 하느냐"는 질문을 받고 아연실색했던 기억이 생생하다. 신체적 성이 남성인 사람에게 자궁을 이식한 사례는 전 세계적으로 알려진 바가 없다. 슬씨는 기본적인 지식조차 없는 판사의 질문에 '정말 제대로 아는 게 없구나' 하는 생각이 들었지만, 자신의 목표는 성별정정 허가란 점을 되새기며 "의료기술이 그렇게까지 발달하진 않았다"라고 답했다. 한 사람의 인생을 좌우하는 결정을 내리는 판사가 기본 지식조차 갖고 있지 않다는 건 절망적인 일이다.

그렇다면 성별정정 신청을 심사하는 판사들이 이토록 무지한 이유는 무엇일까. 가족관계등록부 정정 신청은 통상 지역에 있는 법원장이나 지원장들이 맡는다. 하지만 서울가정법원 등 주로 큰 법원으로 신청이 몰리기 때문에 법원장이나 지원장이라 해도 성별정정 신청 사건을 한 번도 맡지 못하는 경우가 많다. 형사, 민사, 행정, 특허 등 다양한 사건을 담당하면서도 유독 성별정정 신청 사건을 맡아본 판사가 적을 수밖에 없는 이유다. 성별정정 신청 사건을 경험한 한 법관도 이러한 문제점을 인식하고 있었다. "성별정정 신청 사건을 경험해본 판사의 수는 많지 않아요. 2~3년 주기로 인사이동을 하다 보니 성별정정 사건에 경험이 풍부하다거나 이해가 깊은 법관이 있기도 어렵죠." 사정이 이렇다 보니 트랜스젠더들 사이에서 성별정정은 '복불복 게임'으로까지 불린다. 당사자에겐 평범한 삶을 위한 최소한의 조건을 확보하는 중요한 문제이지만 똑같은 신청서를 어느 법원에 제출하느냐에 따라 허가와 기각이라는 전혀 다른 결정이 내려지기 때문이다.

성별정정 신청 사건을 맡게 된 법원장이나 지원장이 참고할 만한 사례를 찾아보기가 쉽지 않다는 것도 문제다. 실제 법관들이 판결문이나 결정문을 볼 수 있는 대법원 내부 시스템에서 '성별정정'을 검색하면 나오는 결정문의 수는 117건, '성별란'이란 단어를 검색했을 때 나오는 결정문의 수는 267건에 불과했다. 법원에서 성별정정 허가를 받아 지방자치단체에 성별 표기를 정정하겠다고 신청한 사람들의 수가 2000년부터 2020년까지 2633명이었다는 점을 감안하면, 성별정정을 허가받은 사람 중에서도 극히 일부의 결정문만 내부 시스템에 등록돼 있는 것이다.

법원은 성별정정 권한을 갖고 있으면서도 이에 관한

통계 하나 제대로 파악하지 못하고 있다. 과거부터 현재까지 총 몇 건의 성별정정 신청이 있었는지, 그중 몇 건이 허가결정을 받고 몇 건이 기각결정을 받았는지에 대한 정보가 전혀 없다. 가까운 일본만 해도 성별정정 신청 건수에 대한 통계를 갖고 있다. 이처럼 기본적인 통계 파악조차 안되는 이유는 한국의 시스템상 성별정정 신청이 개명과 함께 가족관계등록부 정정 신청 사건에 한데 섞여 있어 성별정정 신청 사건만을 별도로 파악하기가 어렵기 때문이다. 이에 대해 한 법원 관계자는 "과거 국회에서도 관련 자료를 요청한 적이 있어 각급 법원에 문의를 한 적이 있는데 시스템상 남아 있지 않아 직원들이 서류를 전부 수작업으로 정리해야 했다"면서 "기간 내 이를 전부 파악할 수 없어 [결국] 자료를 주지 못한 것으로 안다"고 말했다.

참고할 만한 자료가 거의 없다는 사실은 판사들이 성별정정 신청을 처리할 때 법원의 사무처리지침에 더욱 집중하게 만든다. 참고할 수 있는 자료가 거의 전무한 상황에서 지침으로나마 마련된 처리 기준이 있다면 그 기준이 얼마나 차별적이든 그것을 따르는 편이 안전하다고 여겨지기 때문이다.

2022년을 기준으로 사무처리지침에서 가장 문제가 되고 있는 항목은 '생식능력을 상실할 것'과 '생물학적인 성과 반대되는 성의 외관을 갖출 것'을 요구하는 조항이다. 지침은 성확정 수술을 받아 현재 '생물학적인 성'과 '반대되는 성'의 성기와 흡사한 외관을 구비하고 있음을 확인하는 성확정 시술 의사의 소견서를 참고서면으로 하고 있으며(제3조 제3항), 자격 있는 의사의 판단과 책임 아래 성확정 수술을 받아 외부성기를 포함한 신체 외관이 '반대의 성'으로 바뀌었는지 여부(제6조 제3항), 성확정 수술의 결과 신청인이 생식능력을 상실했고 향후 종전의 성으로 재전환할 개연성이 없거나 극히 희박한지 여부(제6조 제4항)를 참고 사항으로 두고 있다.

해외에선 이미 국가가 개인에게 불임 수술을 강제하는 건 잘못된 일이라는 인식이 받아들여지고 있다. 독일 연방헌법재판소는 2021년 "개인의 생식능력을 영구적으로 제거하는 수술을 요구하는 법은 성적 자기결정권, 신체적 온전성에 대한 권리를 침해하므로 헌법에 합치하지 않는다"는 판결을 내린 바 있다. 한국 법원은 여전히 트랜스젠더에게 불임 수술을 사실상 강제하고 있는 실정이다.

법적 성별정정에 요구되는 성확정 수술,
무엇이 문제인가

언론이나 미디어, 유튜브만 살펴봐도 수천만 원에 이르는 비용을 감당하면서 죽을 각오로 수술을 받았다는 트랜스젠더들의 경험담을 쉽게 접할 수 있다. 많은 사람이 마치 그것이 개인의 '선택'이자 당사자가 '감내할 수밖에 없는 일'인 양 생각한다. 하지만 과연 그럴까. 태어났을 때 부여받은 성별과 자신이 생각하는 성별이 다르다는 데서 오는 성별 불쾌감은 '선택'의 영역이 아니다. 또한 성별정정을 원하는 이들이 반드시 외과적 수술을 원하는 것도 아니다. 아무런 제도적 지원도 없이, 모든 책임을 개인에게 떠넘긴 채 한국사회는 '성별정정을 원하면 수술을 받으라'고 강요하고 있다.

특히나 청소년 트랜스젠더들은 비싼 수술비가 필요한 외과적 수술은커녕 호르몬치료도 어려워 성별 불쾌감으로 고통받는 사례가 많다. 취재팀이 진행한 설문조사에서 경제적 부담 때문에 호르몬치료를 받지 못했거나, 받다가 중단했다고 응답한 비율은 거의 절반(45.8%)에 이르렀다,

같은 이유로 외과적 수술을 하지 못했다고 응답한 비율은 64.8%나 됐다. 그럼에도 향후 법적으로 성별정정을 할 계획이 있다고 답한 응답자는 65.6%로 나타났는데, 여성 또는 남성으로 자신을 정체화하지 않는 논바이너리 트랜스젠더의 응답(성별정정 계획 있음 42.6%)을 제외하면 대다수의 응답자는 성별정정을 하고 싶어 했다. 성정체성이 여성(47명)인 경우 성별정정을 하겠다는 응답은 97.9%로 나타났고, 성정체성인 남성(62명)인 경우에는 83.9%로 나타난 것이다.

한국은 성별정정을 희망하는 트랜스젠더에게 의료적 트랜지션을 요구하고 있지만, 이를 지원하는 정책이나 보험 등은 전혀 없다. 논바이너리 트랜스 남성 동휘씨는 호르몬치료 비용을 조금이라도 줄이기 위해 시에서 운영하는 건강센터를 찾는다. "센터에서는 가장 저렴한 주사를 맞아요. 저렴한 건 안정성이 떨어질 때가 있어서 보통 겔[바르는 남성호르몬제]을 선호하는데 한 달 치가 8만 원 정도라 매달 사기가 쉽지 않죠."

외과적 수술 비용도 만만치 않다. 트랜스 남성이 받는 가슴절제 수술 비용은 평균 400만 원에서 500만 원 정도다. 같은 수술을 시스젠더 남성이 여성형 유방증으로 받을 때 보험이 적용되어 100만 원 남짓이다. 만약 생식능력 제거와 외부성기 수술까지 모두 받으려면 수천만 원이 들고, 나아가 추가적인 성형 수술까지 희망한다면 수술비는 억 단위에 이를 수도 있다. 상황이 이렇다 보니 많은 청소년 트랜스젠더는 일찍부터 성별정정을 위한 돈을 모으기 시작한다. 설문조사에서 향후 성별정정을 하겠다고 답한 응답자 가운데 52.4%는 '수술을 받기 위해 돈을 모으고 있다'고 답했다.

호르몬치료나 외과적 수술은 성별 불쾌감을 겪는 트랜스젠더의 증상을 완화하는 데 도움이 된다. 평소 성별 불쾌감이 컸던 사람일수록 의료적 트랜지션을 통해 정서적 안정감을 얻을 수 있다. 영씨와 마찬가지로 만성적으로 갖고 있던 우울감이 단시간 내 해소되는 사례도 있다. 물론 영씨의 사례는 다소 예외적인 것으로, 정체화 과정에서 가정이나 학교, 사회로부터 배척당한 경험으로 쌓인 우울감이 한순간에 눈 녹듯 사라질 수는 없을 것이다. 다만 의료적 트랜지션이 새로운 전환점으로 작용할 수는 있다는 의미다.

그러나 앞서 말했듯 트랜스젠더마다 원하는 의료적 트랜지션의 정도는 모두 다르다. 경제적 어려움 때문에 외과적 수술을 받지 못하는 이들만큼이나 '법적 성별정정만 아니라면 호르몬치료나 수술은 받고 싶지 않다'고 생각하는 사람도 많다. 애초에 성별 불쾌감이 크지 않은 경우 굳이 위험을 무릅쓰면서까지 수술을 받고 싶지 않다고 여기는 경우도 있다. 실제 설문조사에서도 호르몬치료를 받은 적이 없거나, 받다가 중단한 이들은 그 이유로 '호르몬치료가 필요하지 않아서'를 꼽은 비율이 32.6%나 됐다. 건강상의 이유도 16%로 적지 않았다. 외과적 수술 또한 '필요하지 않다'는 응답과 '위험성 때문에 받지 않았다'는 응답이 각각 23%, 20.4%였다.

설문조사 시점을 기준으로 현재까지 외과적 수술을 받지 않았다고 답한 트랜스 여성(39명) 중 17.9%와 트랜스 남성(45명)의 8.9%는 '수술과정이 너무 위험해서'를 그 이유로 들었다. 향후 외과적 수술을 받겠다고 답한 트랜스 여성은 85.1%, 트랜스 남성은 82.3%로 논바이너리 트랜스젠더(33.9%)와 비교하면 현저히 많은 것으로 나타났지만, 트랜스 여성과 트랜스 남성의 각각 10.6%, 12.9%는 아직 수술 여부를 결정하지 않았다고 답하며 고민하는 모습을 보였다.

실제 성확정 수술의 부작용은 무시할 수 없는 수준이다. 트랜스 여성이 질 재건 수술을 받을 시 남성기에 있는 음경을 음핵으로 만드는 게 보통인데 이 과정에서 신경과 혈관을 이식해야 하고, 이때 문제가 발생하면 감각을 상실하거나 피부가 괴사하는 일이 생길 수 있다. 또한 수술 후 질 탈출이나 수축 현상과 같은 부작용이 발생할 수 있다. 정기적인 치료를 통해 이를 예방하더라도 성 기능을 잃거나 재수술을 받아야 하는 등의 후유증에 시달리는 사례도 부지기수다. 수십 년간 셀 수 없이 많이 집도된 일반적인 성형 수술과 상대적으로 집도 건수가 많지 않은 외부성기 재건 수술의 안전성은 그 빈도로만 단순 비교해봐도 후자의 부작용이나 실패 위험성이 더 클 수밖에 없다.

최근까지도 트랜스 여성들은 태국 등 해외에서 수술을 받는 경우가 많다. 그런데 이 경우에도 의사소통의 한계 등 여러 이유로 수술의 안전성을 확보하기 어렵다는 문제가 있다. 만약 부작용이 생길 경우 한국에서 이를 면밀하게 살필 수 있는 병원도 제한적이다. 특별히 관심이 있는 의사가 아니라면 트랜스젠더 의료에 대해 따로 배우지 않기 때문이다. 즉, 어떤 증상인지, 무엇 때문에 부작용이 발생하는지를 정확히 파악할 수 있는 의료진이 현저히 부족하다. 극심한 부작용으로 병원을 찾은 트랜스젠더가 접수대에서 문전 박대를 당하는 경우도 많다.

트랜스젠더 환자가 이용하기 편리한 젠더클리닉 등을 운영 중인 의료진들은 굳이 수술까지 원하지 않음에도 사회에서 살아가기 위해 병원을 찾는 환자를 마주하는 일이 많다고 했다. 이은실 순천향대학교 서울병원 산부인과 교수는 '굳이 수술을 받고 싶지 않았는데 왔다'고 토로하는 환자들을 보는 일이 빈번하다. 이 교수는 "성별정정에 요건이 들어가 있지 않았다면 수술을 하지 않을 사람들이 많았을 것"이라면서 "경제적 여건이 그리 좋지 않은 경우가 많아 의료보험이 되지도 않는 상황에서 '받아야 할' 수술을 다 받지 못하는 환자들도 있다. 그런 트랜스젠더의 고충을 대부분의 사람들이 모르고 있다"고 덧붙였다.

법적 성별정정을 위해 원치 않는 수술을 받은 당사자들은 성별정정 후 복구 수술을 요구하기도 한다. 황나현 고려대학교 안암병원 젠더클리닉 성형외과 교수는 "성별정정을 하려고 외부성기 재건 수술을 받은 트랜스 여성 중 허가를 받고 나서 병원을 찾아와 질 폐쇄 수술을 요청하는 일도 있다"고 했다. 각종 염증과 질 수축 및 협착과 같은 부작용도 문제지만 법적 성별정정을 위해 원치 않은 신체 부위를 만들다 보니 오히려 수술 후의 몸에 위화감을 느끼는 일이 발생하기도 하는 것이다.

나의 몸에 대한 선택권을 존중받지 못한다는 건 기본권과 건강권 등을 침해받는 일이다. 법적 성별정정에 버젓이 인권침해적인 수술이 요구되고, 수술 전후 전반에서 제도적 기반은 전무하다. 여전히 많은 사람이 트랜스젠더가 성기 수술을 원하지 않을 수 있다는 사실을 쉽게 받아들이지 못한다. 그러나 조금만 생각해봐도 이것이 얼마나 몰이해와 차별에 기반한 생각인지 알 수 있다. 우리 주변에는 태어날 때부터 가슴이 작은 여성도 있고, 성기가 작은 남성도 있다. 선천적으로든 후천적으로든 생식기의 기능이 결여됐거나 생식기 자체에 결손이 있는 경우도 있다. 그렇다고 해서 그들의 성별이 부정되지는 않는다. 이러한 사고를 확장하면 트랜스젠더 또한 그들이 어떤 생식기를 갖고 있는지, 가슴이 있는지 없는지로 성별을 규정할 수 없다는 사실을 알 수 있다. 무엇보다 남성과 여성의 생식기를 모두 가진 간성間性의 존재는 우리의 신체가 '남성'과 '여성' 둘로만 나뉘지 않는다는 사실을 정면으로 드러낸다.

한국 성별정정 역사의 중요한 분기점

법원의 사무처리지침은 성별정정에 지대한 영향을 끼치지만 때로는 '판사의 재량'에 따라 유의미한 판결이 나오기도 한다. 이는 사무처리지침이 '참고 사항'이라는 사실의 유일한 장점이라고도 할 수 있다. 명확한 기준이 되는 특정한 법이 없다는 건 판사가 신청 사건에 따라 사무처리지침의 내용을 어디까지 적용할지 선택할 수 있는 여지를 남겨 두기도 하기 때문이다. 물론 이례적인 결정은 쉽사리 내려지지 않는다. 여기서 후술할 사례는 한국 성별정정 역사에서 기념비적이라고 할 수 있을 만큼 이례적인 결정이다. 이러한 결정이 내려지기까지 수많은 트랜스젠더가 원치 않는 성확정 수술에 내몰렸다는 점, 그리고 지금도 그러한 현실이 달라지지 않고 있다는 점을 다시 한번 강조하고 싶다.

2021년 10월, 수원가정법원에서 자궁적출 수술을 받지 않은 트랜스 남성의 성별정정 신청을 기각한 1심을 뒤집고 이를 허가하는 일이 있었다. 트랜스 남성이 기존의 생식기관을 제거하지 않은 상태에서 성별정정 허가를 받은 건 국내에서 처음 있는 일이었다. 이러한 결정을 받아낸 주인공은 다름 아닌 우현씨다. 우현씨는 열여덟 살 때부터 자궁적출 수술 없는 성별정정을 하기로 마음먹은 상태였다. "[법원에서] 수술을 요구한다는 것 자체가 굉장히 부당한 일이라고 생각했어요. 장기를 들어내는 일이 말처럼 쉬운 일이 아닌데 내가 필요로 하지 않는 수술을 왜 해야 하는지 이해할 수가 없었어요. 탑 수술을 하고 나서 다시는 수술 같은 건 하고 싶지 않다는 마음도 들었고요."

　다행스럽게도 우현씨에겐 든든한 조력자들이 있었다. 이승현 비온뒤무지개재단 이사장은 우현씨를 공익인권법재단 공감과 연결해줬고, 우현씨가 호르몬치료를 받은 윤정원 국립중앙의료원 산부인과 교수와 이은실 순천향대학교 서울병원 산부인과 교수도 지원을 아끼지 않았다. 그렇게 한국의 성별정정 역사에 새로운 전환점을 마련하는 대장정이 시작됐다.

우현씨가 1심 법원에 처음 성별정정 신청서를 제출한 건 2019년의 마지막 날이었다. 3개월 뒤 열린 심문기일에 출석한 그는 대기 중인 다른 트랜스 남성들도 보았다. 그리고 얼마 뒤, 법원으로부터 기각결정을 받은 건 그중 우현씨 하나였다. 판사의 결정문엔 "여성으로서의 신체가 남아 있기 때문에 기각한다"는 짧은 한 문장이 적혀 있었다. 예상처럼 자궁적출 수술을 받지 않았다는 게 결정적인 사유였다. "오히려 다행이었어요. 이유가 분명했으니까 여기에 맞춰서 2심을 준비해야겠다고 생각했죠." 우현씨는 법률 전문가와 트랜스젠더단체 활동가 등의 의견서를 보강해 항소장을 제출했다.

그러나 2심 심문기일에 출석한 우현씨는 예상과 다른 전개에 맞닥뜨렸다. 판사는 "이 사건은 사실관계가 중요한 게 아닙니다. 판사의 판단이 중요한 문제이기 때문에 [신청자로부터] 들을 말이 없습니다. 심문을 종결합니다"라며 서둘러 심문을 끝내려 했다. 항소심을 위해 준비한 게 많던 우현씨는 당황할 수밖에 없었고, 우현씨를 대리한 장서연 변호사는 판사석을 향해 "한마디만 할 수 있게 해달라"고 외쳤다. 그제야 우현씨는 자신이 성별정정을 해야 하는 이유에 대해 말할 수 있었다. 우현씨는 판사를 향해 솔직한 심정을 털어놓았다. 저는 미래 계획이 있는 청년입니다. 그 계획과 꿈을 이루는 데 성별정정이 걸림돌이 되고 있습니다. 정정을 하지 못하면 저는 더 이상 앞으로 나아갈 수가 없습니다. 그런 이야기였다. 이십 대 초반, 성별정정을 위해 분투하는 우현씨 또래의 다른 사람들은 미래를 고민하며 꿈을 이루기 위해 나아가고 있을 때였다. 우현씨는 자신을 비롯한 트랜스젠더들이 성별정정이라는 커다란 산 때문에 앞으로 나아가지 못하고 있는 현실을 토로했다.

심문이 끝난 뒤, 우현씨와 변호사들은 결과를 예측할 수가 없었다. "어떤 결과가 나올지 예상이 되질 않더라고요. 연락도 도통 오질 않아서 법원 쪽에 연락하니 오히려 추가 자료를 요청했어요. 아직도 의료적 트랜지션 과정에 있는 건지, 현재 몸 상태는 어떤지를 알려달라고 하더라고요." 초조함에 잠 못 이루던 시간들을 지나 우현씨는 마침내 법원으로부터 성별정정 신청이 받아들여졌다는 연락을 받았다. 대법원까지 갈 수도 있다는 마음으로 절차를 진행하고 있었던 우현씨에게 그 소식은 어떠한 것이었을까. 당시를 회상하는 그의 얼굴에는 마스크 너머로도 넘쳐흐를 만큼 만면에 미소가 가득했다. 그렇게 우현씨는 법적으로 '남성'이 됐다.

수원가정법원의 이러한 결정은 앞으로의 성별정정 신청들에 어떤 영향을 미치게 될까? 판사는 결정문에서 "신청인이 여성으로서 생식능력을 완전히 상실했다고 단정하기는 어렵지만 그렇다고 해서 남성으로의 전환이 신분관계의 안정성을 해친다고 보기는 어렵다"라고 했다. 우현씨가 스스로를 남성으로 여기는 데, 주변 사람들과 사회가 우현씨를 남성으로 인식하는 데 생식능력의 유무가 영향을 미치지 않는다는 점을 지적한 것이다. 이는 자궁이 있든 없든, 그 자궁이 생식능력을 갖고 있든 아니든 자신을 어떤 성별로 인식하느냐는 점, 그리고 사회 또한 그를 자신이 인식하는 성별로 받아들이고 있다는 점이 중요하다는 의미로 해석할 수 있다.

법원은 성확정 수술에 대해서도 "외부성기 수술은 국민건강보험 요양급여 대상이 아니어서 비용이 많이 들고, 긴 시간에 걸쳐 이루어지는 고난도의 수술로 건강상 위험과 상당한 후유증을 감수해야 한다"며 수술에 대한 위험부담이 크다는 점을 명시했다. 나아가 "자궁적출 수술과 같은 생식능력의 비가역적인 제거를 요구하는 것은 성적 정체성을 인정받기 위해 신체의 온전성을 손상하도록 강제하는 것으로써 자기결정권과 인격권, 신체를 훼손당하지 않을 권리 등을 지나치게 제약하는 결과가 된다"며 현행 성별정정 사무처리지침에 대한 비판적인 시각 또한 드러냈다. 공익인권법재단 공감은 이러한 결정에 대해 "법원이 우현씨의 삶에 다가와 구체적 생애를 살폈기에 가능한 판단이었다"면서 "이번 결정은 우현씨가 깊은 절벽으로 떨어지지 않고 건널 수 있게 손을 내민 것"이라고 평가했다.

우현씨는 자신이 운이 좋았다고 말했다. 많은 사람의 도움이 없었다면 정정 허가가 어려웠을 거라는 이유에서다. 실제 우현씨가 처음으로 도움을 요청했던 비온뒤무지개재단 이승현 이사장과의 첫 만남은 아직도 그에게 깊은 인상으로 남아 있었다. "이사장님을 처음 찾았을 땐 그간 작업했던 서류를 첨삭받겠다는 마음 정도였어요. 그런데 이사장님이 저한테 '이제는 바뀔 때가 됐고 그걸 해줄 사람을 찾고 있었다'면서 그게 저라서 너무 고맙다고 하셨어요. 이런 결정을 하기까지 정말 고생 많았다고도 했죠. 그때 들었던 말들이 아직도 너무 생생하게 기억이 나요." 이 이사장은 2013년 서울서부지법에서 외부성기 수술 없는 성별 정정 허가를 받아낸 장본인이기도 했다.

수원가정법원의 결정은 트랜스젠더가 외과적 수술로 생식능력을 아예 없애지 않더라도 성별을 정정할 수 있는 변화의 가능성을 보여준다. 이 결정은 국가로부터 불임 수술을 강요받지 않는 성별정정의 새 지평을 연 것이나 다름 없다. 건강상 이유로 외과 수술을 거치지 않은 트랜스 남성이 법적 성별정정을 허가받은 사례는 이전에도 있었으나 성별정정을 위해 외부성기 수술을 요구하는 것이 가혹하다는 취지의 결정이 나온 건 처음이기 때문이다. 물론 이 결정이 전국의 모든 법원에서 진행되는 성별정정 사건에 곧바로 적용되기는 어려울 것이다. 해당 결정이 내려진 이후임에도 영씨가 1심에서 자궁적출 수술을 하지 않았다는 이유로 기각결정을 받은 것처럼 말이다. 대법원의 결정은 판례로서 하급심에 직접적인 영향을 주지만, 1심과 2심의 결정은 그렇지 않다.

자궁적출 수술 등의 비용을 마련하기 위해 밤낮으로 일하던 도윤씨 또한 수원가정법원의 결정 소식을 듣고 일말의 희망을 가졌다. "부작용을 생각하면 굳이 하고 싶지 않은데 어쩔 수 없이 선택한다는 느낌이 있었죠. 근데 그런 선례가 있으니까 도전해볼 만하지 않을까 싶은 생각이 들어요." 그러나 1년 뒤 다시 만난 도윤씨는 다른 트랜스 남성 친구들과 함께 수술비를 모을 목적으로 일을 하고 있었다. 수원가정법원의 결정 이후 유사한 사례가 나오지 않아 결국 수술할 수밖에 없다는 생각이 들었다고, 도윤씨는 말했다.

한편, 수원가정법원의 결정이 지닌 한계점도 분명하다. 우현씨는 수술의 위험성과 비용 등을 차치하더라도 자궁적출 수술이나 외부성기 수술을 받고 싶지 않았다. 단지 성별정정 절차를 위해 몸에 대한 자기결정권을 포기할 수 없다고 봤기 때문이다. 그러나 법원은 결정문에서 "트랜스 남성이 [성별정정을 하기 위해] 받아야 하는 수술이 트랜스 여성이 받아야 하는 수술에 비해 훨씬 위험하다"는 점을 언급했다. 이러한 언급은 수술을 원치 않는 트랜스 여성에겐 일부 제약으로 작용할 가능성을 내포하고 있다는 점에서 한편으로 또 다른 차별을 만들어낼 소지가 있다.

트랜스 여성에게 요구되는 가혹한 '여성스러움'

"법정에 들어설 때부터 '여자'라는 느낌이 딱 오는데 뭐. 높은 힐에 딱 붙는 원피스를 입고, 메이크업도 완벽하고. 어쩔 땐 애인하고 같이 오는데 목소리도 까랑까랑하고 얼마나 당당한지 몰라."

성별정정 사건 경험이 있는 한 판사는 심문 당시 만난 트랜스 여성들에 대해 이렇게 묘사했다. 누가 봐도 '여성'으로 인식되는 사람인 데다 수술도 '완벽하게' 끝낸 사람이라 더 볼 것도, 물을 것도 없다는 취지였다. 여기서 '완벽한 수술'이란 음경과 고환을 제거하는 수술뿐만 아니라 성기재건 수술까지 받았다는 의미다. 성별정정 사건을 맡아본 여러 판사가 법정에서 만난 트랜스 여성에 대해 이런 식으로 표현했다. 한 판사는 "트랜스 여성이 외부성기를 제거하고 여성기를 만드는 건 자궁을 적출하고 외부 남성기를 만드는 것에 비하면 훨씬 쉽다"는 말을 하기도 했다. 비교 자체가 무슨 의미가 있는지를 떠나서, 음경과 고환을 제거하고 여성 성기를 만드는 일이 어떻게 쉬울 수 있겠는가.

한국사회는 '여성'에게 요구되는 각종 규범을 따르

지 않는 여성, 즉 '꾸미지 않고 여성스럽지 않은 여성'을 희화화하거나 조롱하는 문화가 만연하다. 굴곡진 몸매와 이를 드러내는 옷차림, 기다란 머리에 매끈하게 정돈된 피부와 메이크업, 이러한 허상의 '여성성'을 갖춘 사람이야말로 '진정한 여성'이라고 할 수 있다는 세간의 인식은 트랜스 여성에게 더욱 가혹하게 작동한다. '여성보다 더 여성스러운 사람'이어야만 여성으로 받아들여진다는 것이다.

이에 따라 성별정정 심문기일에 참석하는 트랜스 여성들은 평소에는 입지도 않던 옷을 입고, 하지 않던 메이크업을 하고, 평소보다 가늘고 높은 목소리를 내기 위해 애를 쓴다. 온라인 커뮤니티에 돌아다니는 성별정정 허가 사례들을 참고해 일부러 남성과 함께 출석해 '남자와 연애하고 결혼하기를 꿈꾸는 이성애자 여성'임을 강조하는 식으로 판사들의 편견을 이용하기도 한다. 아무리 진실을 말해도 이해하지 못하니 이런 전략까지 생겨난 것이다.

최근 페미니즘의 확산으로 사회적으로 '여성스러움'에 대한 인식이 변화하고 있지만 그럼에도 트랜스 여성에게 가해지는 부담은 변하지 않고 있다. 이러한 상황은 법적 성별정정 과정에서도 그대로 투영되며, 외부성기 수술 등을 원하지 않는 트랜스 여성의 경우 성별정정을 하려는 생각조차 하지 못하게끔 만든다. 그런 선례가 극히 드문 데다 판사를 비롯해 여전히 많은 사람이 편견과 거부감을 가지고 있기 때문이다.

또 한 가지 흔한 이야기로, '여성 대상 범죄를 목적으로 성별정정을 하는 사람이 있을 수도 있지 않느냐'고 묻는 경우들이 있다. 여자화장실이나 여자목욕탕을 이용하며 성범죄를 저지를 수 있다는 우려가 담긴 질문이다. 그런데 정말 그러한 범죄를 목적으로 법적 성별을 바꾸는 사람이 과연 있을까? 만에 하나 향후 성별정정 절차가 지금보다 간소화되고 정말로 법적 성별을 바꾸면서까지 범죄를 저지르는 사람이 있다면 이는 사법시스템이 대응하고 해결해야 할 문제이지 성별정정 요건을 강화해야 하는 문제가 아니다. 이는 마치 교통사고가 발생할 수 있으니 자동차를 만들지 말아야 한다는 이야기처럼 인과관계가 아닌 것을 인과관계로 전제하는 어불성설이다.

한편에서는 '남성 성기를 가진 사람을 여성으로 볼 수 있느냐'는 질문도 제기된다. 이는 앞서의 범죄에 대한 공포의 연장선에서 보다 근원적인 불안을 담고 있다고 볼 수 있겠다. 공고한 성별 이분법을 뒤흔들고 규범을 무너뜨리는 이들에 대한 불안이다. 사람들의 생경함과 불안을 한 번에 '없애라' 혹은 '자연스럽게 없어질 것이다'라고 말하기는 어렵다. 다만 우리가 주지해야 하는 사실은 실제 사람의 성기는 남자든 여자든 상관없이 모두 다르게 생겼으며 반드시 성별과 일치하지 않을 수도 있다는 점이다.

이 외에도 트랜스젠더의 성별정정을 언급할 때 빠지지 않는 게 있다. 바로 한국의 징병제도다. 2010년 가수 MC몽의 고의적 발치에 따른 병역비리 문제가 터지면서 군대는 징병신체검사 기준을 강화했다. 그 과정에서 트랜스 여성들은 과거 정신과 진단과 호르몬치료로 병역면제를 받을 수 있었던 것과 달리 외과적 수술을 받아야만 면제가 가능해졌다. 이에 따라 군은 수술을 받지 않은 트랜스 여성에 대해 병역법 위반으로 고발 조치하기도 했으며 2014년엔 그로부터 9년 전 병역을 면제받은 한 트랜스 여성에 대해 '수술을 받지 않았다'는 이유로 병역면제 처분을 취소하는 일도 있었다. 다행히 병역법 위반 고발 조치들에 대해서는 잇따라 무죄판결이 내려졌고, 2014년 병역면제 처분 취소 사건 또한 위법이라는 법원의 판결이 내려졌다.

현재는 F64.0 진단을 받으면 4급 보충역이나 5급 전시근로역 처분이 내려지기도 하지만 확실한 면제를 위해서는 여전히 원치 않더라도 수술을 받아야 한다.

결과적으로 호르몬치료나 외과적 수술을 전혀 하지 않은 트랜스 여성의 성별정정 신청이 법원에서 허가된 사례는 아직 없다. 다만, 청주지방법원 영동지원은 2017년 음경을 지닌 트랜스 여성에 대한 성별정정을 허가한 바 있다. 가슴확대 수술과 고환적출 수술을 했으나 외부성기 재건 수술은 받지 않은 신청자였다. 당시 법원은 건강상의 이유로 외부성기 수술을 받을 수 없다는 신청인의 주장을 받아들였다.

이후 유사한 사례가 나오지 않다가 그로부터 약 6년 만인 2023년, 희망적인 소식이 들려왔다. 외과적 수술(고환적출 수술)을 하지 않은 트랜스 여성의 성별정정 신청을 허가한 사례가 처음으로 나온 것이다. 서울서부지법 민사항소2-3부는 2023년 2월 15일, 8년간 여성호르몬을 맞았으나 음경과 고환을 제거하지 않은 신청자의 성별정정을 허가했다. 1심 재판부는 "사회적 혼란과 혐오감, 불편감, 당혹감 등을 초래할 우려가 있다"며 신청을 기각했지만 2심

재판부는 "외부성기를 제외한 모든 부분, 특히 정신적 영역에서 여성으로 평가됨이 명백하다면 여성으로 평가함이 마땅하다"며 허가결정을 내렸다. 재판부는 "외부성기 수술과 생식능력 상실은 성전환 여부를 판단하기 위한 참고 사항일 뿐 성전환을 하기 위한 필요 불가결한 요건은 아니다"라는 말도 덧붙였다.

이 사례는 2021년 우현씨가 자궁적출 수술을 하지 않은 상태에서 성별정정 허가를 받은 것과 유사하다. 나아가 "생식능력 상실은 성전환 여부를 판단하기 위한 참고 사항일 뿐"이라는 사실을 명시하면서 트랜스젠더의 성별정정 문턱을 한 단계 더 낮췄다. 대법원의 판결이 아니다 보니 일선 법원에 미칠 영향이 제한적이란 한계는 있지만 추후 사무처리지침이 개정된다면 수원가정법원이 내린 결정과 더불어 서울서부지법의 이번 결정이 심도 있게 고려될 수밖에 없을 것이다.

의료적 조치 없는 성별정정을 위해 분투하는 사람들

많은 트랜스젠더가 한국사회에서 자신으로 살아가기 위해 원하든 원하지 않든 호르몬치료나 여러 외과적 수술을 받는다. 성별정정의 허들이 조금씩 낮아지고 있다 하더라도 여전히 대부분의 법원이 생식능력의 상실을 요구하는 것도 현실이다. 그러나 앞서 우현씨나 영씨의 사례처럼 의료적 조치 없는 성별정정을 위해 분투하는 사람들도 있다. 트랜스젠더 커뮤니티 내에서도 쉽지 않은 싸움이라고 생각하는 일이지만 언젠가 변화가 시작될 수 있다는 희망을 지닌 사람들이다.

신엽씨 또한 외과적 수술뿐만 아니라 호르몬치료 등 의료적 트랜지션을 전혀 하지 않고 성별정정을 하기 위해 애를 쓰고 있는 사람 중 하나다. 가정폭력을 피해 집을 나올 수밖에 없었던 그는 스스로 생계를 유지하며 대학 생활을 하고 있는 와중에 성별정정을 위한 여정에 나섰다.

유년 시절 신엽씨의 성별 불쾌감은 그리 크지 않았다. 외적 차이가 드러나기 시작하는 초등학교 때에도 신엽씨는 그것이 남자, 여자로 무 자르듯 나눌 수 있는 게 아니라

스펙트럼이 있다고 생각했다. 남녀가 신체적으로 어떻게 다른지에 대해 구체적으로 알지 못했을 때였다. "주변 사람이나 사회가 나를 남자로 대하고 있지만 사회가 착각하고 있는 거라고, 자라면서 서서히 여자처럼 바뀌어갈 거라고 생각했어요."

그러나 현실은 그렇지 않았다. 사춘기에 접어들며 원치 않는 방향으로 신체가 변화하기 시작하자 그때의 절망감은 말로 형용하기 어려울 정도였다고 했다. 다행히 성인이 되면서 성별 불쾌감은 점차 완화됐다. 불쾌감이 크지 않다 보니 수술을 받아야겠다는 생각도 강하지 않았다. 그러나 한국에서 '여성'으로 살아가려면 수술은 선택이 아닌 필수였다. 앞자리가 1인 주민등록증을 내밀 때마다 몸속에 있는 시한폭탄이 터질 것처럼 스트레스를 받았던 신엽씨는 이를 해결하려면 결국 수술뿐이라고 생각했다. 나의 의사와는 관계없이 체념하고 받아들여야 하는 것, 신엽씨에게 의료적 트랜지션은 그런 것이었다.

하지만 스웨덴에서의 생활로 신엽씨의 생각은 180도 바뀌었다. 거기선 누구도 신엽씨를 남자로 대하지 않았다. 외형만으로 성별을 판단하거나 이분법적으로 나누지 않는

문화는 신엽씨를 말 그대로 숨 쉬게 했다. 교환학생으로 갔던 스웨덴의 학교는 여권상 성별이 남성인 신엽씨에게 여성과 남성 어느 쪽으로든 선택할 수 있는 두 개의 비자 서류를 줬고, 학교에서 제공하는 기숙사는 1인실로 되어 있으며 남녀의 구분이 전혀 없었다. 여학생들만 가입할 수 있는 동아리에서도 신엽씨를 환영했다. 학교 안이든 밖이든 성중립화장실이 도처에 있었다. 사람들은 신엽씨의 법적 성별이 무엇인지 궁금해하지 않았다. 그들은 단지 신엽씨 자신이 생각하는 성별이 무엇인지에만 관심을 기울였다. 성별이 필요한 순간에 사람들은 이렇게 물었다. "네가 정의하는 성별이 뭐야?How do you identify yourself?"

스웨덴은 전 세계에서 가장 빠르게 법적 성별정정을 제도화한 나라다. 1972년 제정된 성별인정법Gender Recognition Act은 성별정정을 위해 생식능력이 없어야 한다는 점을 전제했지만, 2013년에 이르러 이런 요건을 아예 폐지했다. 국가에 의해 강제로 불임 수술을 받아야 했던 사람들에 대해 배상을 진행하기도 했다. 신엽씨 또한 스웨덴에 좀더 머물렀다면 서류상 여성으로 살아갈 수 있었다. "6개월이 아니라 1년을 체류했다면 스웨덴에 외국인으로 등록돼 외국

인등록증을 받을 수 있었는데, 이 경우 정신과 진단서만 있으면 등록증의 성별을 남성에서 여성으로 바꿀 수 있었어요. 제 신체가 남성인지, 여성인지 관계가 없는 거죠."

그러나 신엽씨는 1년을 채우지 않고 6개월 뒤 한국으로 돌아왔다. 한국에서도 호르몬치료와 외과적 수술을 받지 않기로 마음먹은 채였다. 단지 법적 성별을 바꾸기 위해 원치 않는 의료적 조치들을 해야 할 필요가 없다고 느꼈기 때문이다. 스웨덴에서의 생활을 통해 신엽씨는 자신이 느끼는 성별 불쾌감이 사회가 자신을 어떻게 대하는지에 따라서도 크게 달라질 수 있다는 사실을 깨달았다. 주변 사람들이, 학교가, 제도가 '나'라는 사람을 있는 그대로 존중하고 대우하는 걸 경험하는 동안 한국에서 느꼈던 불쾌감과 불편함, 각종 스트레스는 어느새 사라져 있었다.

2021년 9월, 신엽씨는 법원에 성별정정 신청서를 제출하면서 '성별정정 요건으로 불임 수술(생식능력 제거 수술)을 강제하는 건 개인의 재생산권 등에 대한 침해'라고 명확히 주장했다. "트랜스젠더의 법적 성별정정 요건으로 의료적 조치를 요구하지 않는 것이 세계적 추세라는 점을 고려해달라"는 말과 함께 "아르헨티나와 덴마크는 법원의 허가 없이 본인의 신청만으로 트랜스젠더가 법적 성별을 정정할 수 있도록 하고 있다"는 말도 빼놓지 않았다.

그러나 법원은 신엽씨를 심문하고 불과 엿새 만에 기각결정을 내렸다. 결정문은 이례적이리만치 길었지만 결국 의료적 조치를 받지 않은 게 기각의 주요한 이유로 서술돼 있었다. 심문 당시의 기억을 회고하던 신엽씨는 이미 그때부터 기각이 예상됐다고 했다. "제가 어떤 사람인지, 다른 사람들과 어떤 관계를 맺고 사회에서 어떻게 받아들여지는지에 대해서는 아무런 관심이 없었어요. 십 분 동안 물어본 건 주로 저의 몸에 관한 거였는데, '호르몬 주사를 맞고 있느냐' '생식능력은 있느냐' 하는 것들뿐이었죠. 생식능력에 대해선 유독 반복적으로 물었는데 제가 대답을 하자 판사가 서기한테 그러더라고요. '[답변을] 받아 적으라'고요." 법원이 공개한 심문조서엔 해당 내용이 "신청인은 현재 남성으로서의 생식능력을 가지고 있다고 진술"이라는 짧막한 문장으로 담겨 있었다.

"결정문에도 이렇게 적혀 있어요. '남자의 목소리를 갖고 있다'고. 법정에 들어가서도 질문에 대답을 하는데 판사가 대뜸 '근데 솔직히 들리는 목소리는 완전 남자 목소리다' 이렇게 말을 하더라고요. 이게 품평이 아니고 뭐겠어요? '사회 통념상 여성으로 받아들여질 수 없다'는 대목도 그래요. 그건 본인의 생각인 건데 그걸 사회 통념에 떠넘기는 거에 지나지 않잖아요." 신엽씨의 말처럼 법원은 학교에서 신엽씨가 동기나 선배, 후배들로부터 '언니'나 '누나'와 같은 호칭으로 불린다는 점에는 집중하지 않았다. 단지 판사가 '느끼기에' 여성인지 아닌지가 중요했던 것이다.

신엽씨는 1심에 불복해 항고했다. "법원의 성별정정 사무처리지침을 '요건'으로 제한해서 해석해서는 안 된다"는 내용과 함께 앞서 "생식능력을 상실하지 않은 트랜스 남성의 성별정정을 허가"한 수원가정법원의 결정례를 인용하기도 했다. 우현씨의 사례가 또 다른 트랜스젠더에게 한 줄기 희망이 되는 순간이었다. 항고장은 2021년 11월 말께 제출됐지만 오래도록 심문기일은 잡히지 않았다. 신엽씨는 수시로 대법원의 '나의 사건 검색'에 들어가 심문기일이 잡혔는지를 확인하고, 심문기일을 조속히 잡아달라는 내용의 서류를 법원에 보내기도 했다.

그러나 2심 법원은 심문기일조차 잡지 않은 채 또다시 기각결정을 통보했다. 항고장을 제출한 지 1년 만이 일이었다. 법정에 제대로 서보지조차 못한 채 기각결정을 받은 신엽씨는 허망한 마음을 감추기 어려워했지만, 여기서 끝낼 마음은 없어 보였다. 단, 대법원까지는 가지 않으려고 한다. 대법원에서 기각될 경우 그것이 최종 판결로 확정되는데, 그러한 판례가 앞으로 또 다른 트랜스 여성들의 성별정정에 제약으로 작용할 수 있다는 우려 때문이다. 신엽씨는 대신 등록기준지를 바꿔 1심부터 다시 진행할 계획을 세우고 있었다.

스웨덴에서의 경험이 큰 자산이 됐다고 말하는 신엽씨에게 "그곳에 그대로 머물고 싶지 않았느냐"고 물었다. 이미 이상적인 삶을 경험했기에 충분히 선택지가 될 수 있었을 거라는 생각이 들어서였다. "교환학생 시절에 스웨덴 움살라에서 열리는 퀴어퍼레이드에 간 적이 있어요. 거기서 성소수자 난민 전문 변호사들의 상담 부스를 방문했었는데, 변호사가 저한테 '스웨덴에서 난민으로 받아들여질 가능성이 높다'고 그러더라고요. 한국 군대는 성소수자를 억압하는 군형법 조항이 남아 있어서 실제 난민 신청이 받아들여진 사례도 있다고요. 그때 생각했죠. 여기 남을까하고. 근데 결국 한국으로 돌아왔고 지금은 제 신상을 공개하면서 활동하고 있어요. 가끔은 내가 왜 여기서 이러고 있나 싶긴 해요. 기각결정문을 받았을 때처럼 절망적인 순간도 많고요. 그래도 저를 응원해주는 친구들이 있으니까, 그리고 그 힘으로 조금씩 세상을 바꿀 수 있다는 믿음을 갖고 있으니까, 한국에 돌아온 걸 후회하지는 않아요."

성별정정에도 영향을 미치는 '정상가족' 이데올로기

성별정정 사무처리지침에서 외과적 수술을 강제하는게 얼마나 반인권적인지에 관한 본격적인 논의는 이제 막 시작됐다. 국가인권위원회는 2022년 10월 이에 관한 청문회를 열어 여러 이해관계자, 전문가와 의견을 나눴다. 실제 법안이 제정되거나 현장에서 변화가 생기기까지는 시간이 걸리겠지만, 트랜스젠더들이 정부로부터 강제 불임 수술을 강요받고 있는 현실이 주요한 문제로서 논의된다는 건 긍정적인 신호다.

그러나 논의는 보다 확장될 필요도 있다. 사무처리지침에는 외과적 수술 요구 외에도 트랜스젠더에 대한 편협

한 사회적 시각이 포함돼 있기 때문이다. 대표적인 항목에는 성별정정 신청자에 대해 '19세 이상일 것' '혼인 중이 아닐 것' '미성년 자녀가 없을 것' 등이 있다. 미성년자나 결혼한 사람, 미성년 자녀가 있는 트랜스젠더는 어째서 성별정정이 불가능해야 할까. 법원은 이러한 조항에 대한 구체적인 설명을 따로 하고 있지 않지만 다수의 결정문을 참고해보면 이러한 조항의 근간엔 법원이 상정하는 '사회적 통념'과 '질서'가 있음을 알 수 있다.

우리는 모두가 태어났을 때 갖고 있던 신체적 특징에 의해 의사로부터 '성별'을 부여받는다. 이에 따라 성별이 특정되는 주민등록번호를 갖게 되는데 이를 정정하려면 성년까지 기다려야 하는 게 현실이다. 트랜스젠더가 성별 불쾌감을 느끼는 시기는 이르면 유아기부터 시작된다. 주민등록번호가 범용되는 한국에서 성별정정 신청을 만 19세 이상의 성인에게만 국한하는 사무처리지침은 성정체성을 확립한 미성년 청소년을 미숙한 존재로 규정해 그들의 자기결정권을 침해하는 국가의 권력행위로 볼 수 있다. 널리 알려진 것처럼 주민등록번호와 같이 국민 개개인에게 식별번호를 부여하는 나라는 얼마 되지 않는다. 독일의 경우

운전면허증이나 건강보험증 등 국가 신분증이 있긴 하지만 부모가 성중립적인 성을 표기할 수 있게 하고 있으며, 미국의 여러 주들도 성별 표기 변경이 용이하도록 제도적으로 보장하고 있다. 네덜란드는 2024년부터 신분증에서 성별 표기를 없애기로 했다.

혼인 중인 사람에 대해 성별정정을 할 수 없게끔 하는 것은 동성혼이 법제화되지 않았다는 점이 주된 이유로 해석된다. 이성혼만 인정하는 한국에서 혼인 중인 트랜스젠더의 성별정정을 허용할 경우 법률상 동성혼 상태가 되기 때문이다. 또한 이는 이성애중심주의에 근거해 '가족해체'를 막고자 하는 것이기도 하다. 성별정정 사건 경험이 있는 한 판사는 이렇게 말했다. "혼인까지 할 정도라면 사실 성별정정을 하지 않고도 살아갈 수 있는 거 아니냐." 성별정정을 포기하면 혼인 상태를 유지할 수 있는데 왜 굳이 가정을 파탄으로 끌고 가면서까지 성별정정을 하려 하느냐는 의미일 텐데, 이러한 말에는 '여성과 결혼했으니 스스로 남성이라고 인식하고 있는 거 아니냐'는 이성애중심주의적인 사고가 담겨 있다.

결과적으로 혼인 상태의 트랜스젠더가 법적 성별을

바꾸고자 할 때 법은 혼인관계를 끊도록 강요한다. 이는 법원의 사무처리지침이 오히려 가족해체의 원인으로 작동하게 되는 역설을 보여준다.

　사무처리지침이 가족해체의 원인으로 작동하게 되는 요인은 또 있다. '미성년 자녀가 없어야 한다'는 대목이다. 다만 이 항목은 최근 대법원이 인상적인 판결을 내리면서 사문화되거나 개정될 가능성이 높아 보인다. 당초 법원은 성별정정 신청자에게 미성년 자녀가 있을 경우 자녀가 부모의 성별정정으로 정신적인 충격을 받거나 사회적 인식에 곤란을 겪을 수 있다는 이유로 성별정정을 허가하지 않았다. 이혼 상태에서 자녀에게 양육비를 지급할 뿐 관계를 전혀 유지하지 않는 신청자에 대해서만 정정을 허가한 사례가 있었는데, 이는 '생물학적인 아버지'의 성별이 바뀌더라도 자녀에게 미칠 영향이 적을 것으로 봤기 때문이었다. 아이가 신청자를 부모로 인식하지도 못할 만큼 관계가 끊어진 상태라면 자녀에게 혼란을 초래할 위험이 없으므로 성별정정이 받아들여지는 데 반해, 관계가 유지되고 있다면 자녀가 성인이 될 때까지는 성별정정을 할 수 없는 상태가 지속되는 것이다. 혼인 중이며 자녀가 있는 트랜스젠더가 법적 성별정정을 하고자 한다면 이혼에 이어 자식과의 관계 단절까지도 감수해야 한다.

그런데 2022년 11월, 대법원은 전 부인 및 자녀와 관계를 유지하고 있는 트랜스 여성의 성별정정 신청을 기각한 1심과 2심 결정을 뒤집고 다시 판단하라며 사건을 파기환송했다. 사실상 인용결정을 내린 것이다. 이는 2011년 '미성년 자녀가 있을 경우 성별정정은 허용되지 않는다'는 결정이 내려진 지 11년 만의 일로, 트랜스젠더 커뮤니티 내에선 '또 하나의 전환점이 마련됐다'고 평가되기도 했다.

대법원은 38쪽 분량의 결정문에서 "인간은 누구나 자신의 성정체성에 따른 인격을 형성하고 삶을 영위할 권리가 있고, 성전환자도 자신의 성정체성을 바탕으로 인격과 개성을 실현하고 우리 사회의 동등한 구성원으로 타인과 함께 행복을 추구하며 살아갈 수 있다"면서 트랜스젠더의 존엄과 가치, 행복추구권, 평등권 등 헌법상 기본권에 대해 언급했다. 그러면서 "성별정정은 성전환을 마친 성전환자에게 실제 상황을 수용해 공부[관공서가 법령이 정한 규정에 따라서 작성하고 이를 누구나 볼 수 있도록 비치하는 장부]에 반영하는 것일 뿐 성전환인 부 또는 모와 그 미성년 자녀

사이의 신분관계에 중대한 변동을 새롭게 초래하거나 권리 의무의 내용에 영향을 미치는 것이 아니다"라고 판단했다. 미성년 자녀가 있다는 사실만으로 성별정정을 막는 것이 실질적인 의미에서 자녀의 복리에 부합하지 않을 수 있다는 점 또한 언급했다.

대법원의 결정문에는 눈에 띄는 또 다른 부분도 있다. "성전환자에게 미성년 자녀가 있다는 사정만으로 성별정정을 허가하지 않는다면 신청인은 실존하는 성과 공부公簿상 성이 불일치한 부조리한 삶을 살도록 강요받게 된다. 자녀가 성년에 이를 때까지 이러한 부조리의 상태가 장기간 강요된다면 성전환자가 참고 감당해야 하는 고통의 크기나 실존을 위해 부조리에 맞서야 하는 절박함의 강도는 너무나 클 수밖에 없다." 이러한 내용은 성별정정을 허가받지 못하는 트랜스젠더가 어떤 고통 속에 살고 있는지를 법원이 염두에 두어야 함을 드러내준다.

그렇다면 논란이 지속되고 있는 사무처리지침은 어떻게 바뀌어야 할까? 공익인권변호사모임 희망을만드는법은 대법원의 이번 결정에 대한 논평을 통해 "2006년 대법원이 최초로 성별정정 결정을 내린 이래 16년이 지나는 동안 관련한 법률조차 제대로 논의하지 않는 것은 너무나도 무책임하다"면서 "국회와 정부는 침묵하지 말고 트랜스젠더의 기본권을 보장하기 위해 간소화된 성별정정 기준과 절차를 규정한 성별정정 특별법을 제정하기를 촉구한다"고 지적했다. 희망법이 '간소화된 기준과 절차'를 강조한 건 국회나 정부가 현행 사무처리지침과 크게 다를 바 없는 생식능력 제거, 외부성기 재건 등의 요건이 담긴 법안을 통과시킬 경우 판사의 재량이 작동할 수 있는 현행 성별정정 과정보다 더욱 후퇴하는 상황이 초래될 수 있기 때문이다.

유엔 등 국제인권단체는 이미 트랜스젠더의 성별정정에서 '자기결정에 기반한 신속, 명료, 접근 가능한 절차'의 마련을 권고하고 있다. 2012년 '성정체성법'을 제정한 아르헨티나는 "모든 사람은 자신의 성정체성에 대한 인식, 자유로운 인격 발달, 서류상 확인의 권리를 갖는다"고 명시하며 성정체성에 대한 자기결정권을 보장했다. 이를 근거로 성별정정 절차에서 어떠한 요건도 제시하지 않는다. 희망법이 언급한 성별정정 특별법 또한 이러한 방향의 법 제정에 대한 촉구였을 것이다.

네덜란드, 성별정정의 비극적 역사를 사과하다

과거 다른 나라들도 트랜스젠더의 법적 성별정정에서 불임 수술을 강요한 역사가 있다. 그러다 2000년대 들어 '국가에 의한 인권침해'라는 비판이 높아지자 많은 나라가 성별정정에서 제시해온 의료적 요건을 없애는 추세다. 영국은 2004년 성별정정을 위한 호르몬치료와 외과적 수술 등 의료적 조치 요건을 폐지했고, 아르헨티나는 2012년 정신과 진단 없이도 행정절차로만 성별을 정정할 수 있도록 하는 법을 제정했다.

나아가 과거 성별정정 요건 때문에 강제로 의료적 조치를 받아야 했던 피해자들에 대한 정부의 보상과 사과도 첫발을 뗐다. 스웨덴 정부는 2017년, 과거 불임 수술을 받은 이들에 대해 1인당 보상금 22만 5000크로나(약 2900만 원)를 지급하기로 했다. 역시나 트랜스젠더에게 불임 수술을 강제했던 나라들 중 하나인 네덜란드는 세계 최초로 피해자들에게 정부 차원에서 공식 사과했다. 잉흐리드 판 엥엘스호번Ingrid Van Engelshoven 네덜란드 교육문화과학부 장관은 "수십 년 동안 사람들은 원하지 않는 의료절차를 받거나 법적으로 자신의 정체성을 인정받는 일을 미뤄야 했다"면서 2021년 11월 정부를 대표해 사과했다.

취재팀은 네덜란드 정부의 보상과 사과를 이끌어낸 트랜스젠더 인권옹호자이자 트랜스 여성인 빌레메인 판 켐펀Willemijn van Kempen과 트랜스 남성 샘 스훈만Sem Schoenman 을 2021년 11월 25일(현지 시간) 네덜란드 마스트리흐트에 있는 판 켐펀의 자택에서 만났다.

예순을 넘긴 판 켐펀은 "나의 어린 시절은 지금 한국 청소년들과 크게 다르지 않았다"고 회상했다. 독실한 가톨릭 가정에서 자란 판 켐펀은 스스로를 여자라고 자각하면서 죄책감을 느꼈다고 말했다. 도움을 받으러 갔다가 오히려 2년간 전환치료를 겪기도 했다. 하지만 이십 대 중반을 넘기며 적극적으로 자신의 성정체성을 알리고 인정해달라고 요구하기로 마음먹는다. 이후 호르몬치료를 시작했지만 당시만 해도 법적 성별을 바꾸기 위해서는 생식능력을 제거하는 수술을 받아야만 했다. 의사는 '불법'이라며 판 켐펀의 정자 보존 요구도 거절했다. 결국 그는 1998년, 자녀를 갖고픈 소망을 포기하고 생식능력을 제거하며 법적 성별정정을 마쳤다. 어쩔 수 없는 선택 이후로도 자녀를 갖

샘 스훈만(왼쪽)과 빌레메인 판 켐펀(오른쪽)은 성별정정에 생식능력
제거를 강요했던 과거에 대한 네덜란드 정부의 보상과 사과를
이끌어내는 데 앞장섰다.

고픈 판 켐펀의 소망은 점차 강해졌다.

　이후 판 켐펀은 트랜스젠더 인권활동을 시작했다. 2019년 그는 여성법률지원단체 클라라비히만사무소와 함께, 법적 성별정정을 위해 생식능력 제거를 요구한 '트랜스젠더법'이 폐지된 2014년 이전까지 강제로 불임 수술을 한 피해자들을 찾아 나섰다. 일각에서는 "공소시효가 지났다"고 만류했지만 판 켐펀은 "국가가 트랜스젠더를 하층 시민으로 간주하고 불임 수술을 강제해 지금도 나와 가족은 고통받고 있다"면서 "잘못을 바로잡는 데는 공소시효가 없다"고 설득했다. 대형 로펌도 자문단에 합류했다. 시민단체 네 곳과 피해 당사자를 포함한 트랜스젠더 34명은 정부에 두 차례 공식 사과와 배상을 요구하는 연서명을 보내고, 고통을 감수하며 자신의 삶을 공개적으로 증언했다.

　이들의 목소리는 결국 변화를 이끌어냈다. 법무부와 교육문화과학부는 2020년 11월, 강제 불임 수술을 받은 트랜스젠더와 간성인 등 약 2000명에게 1인당 5000유로(약 670만 원)를 지급하겠다고 발표했다. 2021년 10월 온라인 접수가 시작되자 한 달 만에 400건이 넘는 신청이 접수됐다. 정부에 보낸 요구안에 연서명한 스훈만은 "트랜스젠더에 대한 정부의 불임 수술 강제와 보육시설 등에서 아동학대를 겪은 피해를 같은 방식으로 보상한 것은 적절하지 않다"면서도 "정부가 피해자를 수차례 초청해 답변한 데 진정성을 느꼈다"고 말했다.

판 켐펀 역시 정부의 대응을 긍정적으로 받아들이며 "역사적 의미가 깊은 장소에서 정식으로 사과하고 이를 생중계하기로 한 것도 의의가 깊다"고 평가했다. 취재팀과의 인터뷰 이틀 뒤 네덜란드 내각이 트랜스젠더 성별정정의 비극적 역사에 대해 사과 연설을 한 헤이그의 리데르잘 건물은 고종이 특사를 파견한 만국평화회의가 열린 곳이기도 하다. 유럽연합EU의 창설로 이어진 헤이그 회의도 이곳에서 열렸고, 최근에는 네덜란드 의회 회의나 왕실 행사 등에도 종종 활용되는 곳이다.

판 켐펀은 "한국 법원이 성별정정 신청자에게 '생식능력이 없다'는 의사 소견서를 요구하는 것은 인권침해를 증명하는 서류를 달라는 꼴"이라며 "한국 정부도 네덜란드와 같은 수순을 밟게 될 것"이라고 힘주어 말했다. 네덜란드는 2014년부터 정신과 진단만으로 법적 성별정정이 가능하도록 법이 개정되었다. 만약 성별정정 신청자가 성확정 수술 등을 고려할 경우 의사는 정자나 난자를 보존할 의향이 있는지를 사전에 확인해야 한다. 네덜란드에선 트랜스젠더도 유전적인 부모가 되어 가족을 구성할 수 있다.

한국에서도 변화를 요구하는 목소리가 높다. 여러 성소수자 인권단체들의 연대체인 성소수자차별반대 무지개행동은 2021년 11월, 대법원장을 상대로 국가인권위원회에 성별정정 요건으로 외부성기 및 생식능력 제거 수술을 요구하는 것은 인권침해라는 취지의 진정을 제기했다. 그로부터 약 1년 뒤 국가인권위원회에서 열린 '트랜스젠더 성별정정 기준에 관한 청문회: 대법원 예규의 성전환 수술 요건을 중심으로'에서 류세아 트랜스해방전선 부대표는 "현재와 같은 수술 요건이 존재하는 이상 대다수의 트랜스젠더 당사자들은 법적 성별과 실제 성별이 일치하지 않는 채로 살아가야 한다"면서 "이에 직업선택의 자유나 건강권 등 기본권이 제한된 채로 살아갈 수밖에 없다"는 말로 제도 개선을 촉구했다.

4

그들 곁의 앨라이

청소년 트랜스젠더가 학교와 가정에서 많은 상처를 입는 건 사실이지만 때로는 무엇과도 바꿀 수 없는 지지를 얻게 되기도 한다. 트랜스젠더라는 이유만으로 차별과 좌절을 겪을 때 진심 어린 조언과 위로를 전해주는 스승을 만나거나, 가족으로부터도 온전히 인정받지 못하는 상황에서 응원과 지지를 보내주는 친구들을 만나거나, 자신을 있는 그대로 받아들이는 부모나 가족을 새롭게 마주하기도 하는 것이다. 앨라이는 바로 이러한 이들을 지칭하는 말이다. 성소수자 인권을 지지하고 연대하는 사람들과 청소년 트랜스젠더들이 만난 건 서로에게 큰 행복이자 행운이었다.

영씨의 영원한 담임선생님

대부분의 청소년 트랜스젠더에게 학교 선생님은 기억하고 싶지 않은 존재에 가깝다. 누군가는 성소수자에 대한 사회적 혐오를 여실히 체현했고, 누군가는 도움이 필요한 학생을 그저 '골치 아픈 존재'로 여겼다. 하지만 그렇지 않은 선생님을 만난 이도 있었다. 우리가 만난 영씨가 그랬다. 영씨는 이른 나이에 학교를 떠났지만, 인터뷰 중 선생님 이야기를 자주 꺼냈다. 그는 교무실에 자주 찾아갔다고, 수년이 흘렀음에도 여전히 자주 만나는 선생님이 있다고 했다. 어떤 사람일지 궁금했다. 그의 이야기를 듣고 싶었다. 취재팀의 인터뷰 요청을 전하는 영씨에게 선생님은 한마디만 했다고 한다. "너한테 도움이 되는 일이지?"

쌀쌀한 바람이 불기 시작한 어느 날, 부산 바다가 보이는 한 카페에서 영씨의 영원한 담임선생님 신미경(54세·가명)씨를 만났다. 단정하게 짧은 머리, 스카프를 맨 깔끔한 정장 차림. 여느 때보다 격식을 갖춘 듯한 모습으로 카페에 들어선 선생님은 환하게 웃으며 영씨의 손을 꽉 잡았다. 우리는 그날 선생님과 영씨가 손을 마주 잡기까지의 이야기를 들었다.

영씨와 선생님이 만난 봄, 미경씨는 새 중학교로 전보를 받고 출근했다. 바로 3학년 담임을 맡았다. "아, 그 반에 아이 하나가 학교를 안 와요." 배정된 반을 본 동료 교사가 '주의할 점'이라며 그렇게 알려줬다. "어떤 아이인데요?"라고 묻자 동료는 "그냥 그런 애가 있어요"라며 말을 아꼈다. 정말로 새 학기가 시작된 지 한 달이 넘도록 영씨의 얼굴은 출석부 속 증명사진으로만 볼 수 있었다. 새 학기 첫날부터 영씨가 등교를 거부했기 때문이다. 전화도 받지 않았다. 당시를 회상하던 선생님은 "주변에서 볼 수 있는 아이는 아니었던 거 같아요"라며 운을 뗐다. 곧 영씨를 보며 "사실대로 말해도 돼?" 하고 물었다. "아, 망나니 시절 나온다." 영씨가 민망한 듯 몸을 흔들었다. 미경씨가 말을 이었다. "네, 정말로 굉장히 망나니였어요."

이내 미경씨가 영씨의 집을 찾아갔지만, 그곳에서도 영씨를 만나지는 못했다. 문을 연 것은 영씨의 형이었다. "영이가 요즘 학교에 안 와서 상담을 하러 왔는데, 어머니 집에 계시니?" 영씨의 어머니는 일본에서 일을 한다고 했다. 외할머니가 영씨 형제를 키웠다. "내랑 얘기허소." 외할머니는 선생님이 영씨를 교정의 대상으로 볼까봐 경계했다. "우리 애 그만 좀 놔두소. 그거 성적이 뭐 중요하나. 아아마이도 얘가 문제 있다고 생각 안 한다." 찬찬히 외할머니의 이야기를 들은 미경씨는 영씨가 집에서도 통제할 수 없는 '망나니'라는 걸 알게 됐다. 하지만 한편으로는 마음이 놓였다. 가족은 영씨를 있는 그대로 인정하고 있었기 때문이다.

외할머니의 설득 끝에 영씨가 학교에 돌아오기로 했고, 미경씨는 반 학생들에게 영이가 오면 함께 환영해주자고 당부했다. 그날은 학교에서 사생대회가 열리는 날이었다. 훈훈하게 흘러가는 듯했던 영씨의 첫 등교일에 예상치 못한 사달이 났다. 대회가 예상보다 일찍 끝나자 그림을 완

영씨의 영원한 담임선생님 미경씨가 영씨의 손을 꼭 잡고 있다.

성하지 못한 영씨가 "왜 마음대로 대회를 일찍 끝내느냐"며 난동을 부린 것이다. "영아, 쌤하고 얘기하자"며 미경씨가 다독이자, 영씨가 대뜸 어깨동무를 했다. 이를 본 주변 선생님들은 그야말로 발칵 뒤집혔다. 영씨가 선생님에게도 위협적으로 행동할까봐 "경찰을 부르겠다"는 소리까지 나왔다. 미경씨가 기억하는 영씨의 첫인상이다. "솔직히 그때는 당황하기도 하고 무서웠죠. 다른 사람들은 학생이 어떻게 저럴 수 있냐며 화를 냈지만 제 생각은 달랐어요. 기댈 어른이 하나도 없어 외로운 마음, 세상에 지고 싶지 않은 마음이 서툴게 표현되는 것 같아 오히려 안쓰러웠죠."

당시 영씨는 이미 자퇴를 결심하고 호르몬치료를 시작한 상태였다. 미경씨는 방황하는 영씨의 모습을 있는 그대로 보려 노력했다. 축구를 하고 싶어 하는 영씨를 남학생들이 끼워주지 않는 모습을 보면서 생각했다. "학교는 오고 싶어 하는데 소속감이 없었던 거 같아요. 영이는 학교에 오면 외로워 보였어요." 영씨는 자신을 있는 그대로 봐주는 선생님의 모습에 서서히 마음의 문을 열었다. 그러다 자연스럽게 성정체성도 털어놓게 됐다. "선생님, 저는 트랜스 남성이에요."

영씨의 커밍아웃을 들은 미경씨는 상상했다고 한다. 두 아들의 엄마로서 만약 자신의 아들이 "엄마, 나 여자가 되고 싶어"라고 말한다면 어떠할지를. "살아가면서 마주할 험한 세상이 두렵고 가슴 아프지만 부모로서 모든 고난을 함께 극복해야 하지 않을까. 영이를 여자로 볼 필요가 없다. 그렇게 생각했어요." 그때부터 선생님은 영씨가 행복하려면 어떻게 해야 할지 함께 고민했다. 학교에서 지내는 동안은 영씨가 소속감을 느낄 수 있도록 도왔다.

영씨는 결국 학교를 떠났지만 그 뒤로도 고민이 생길 때면 선생님을 찾아갔다. 어머니가 있는 일본으로 건너간 것도 선생님의 영향이 컸다. 미경씨가 "성소수자에 더 포용적인 사회에서 생활할 수 있는 기회"라고 조언하며 일본행을 망설이던 영씨를 독려했기 때문이다. 일본에서 영씨는 남자로서 자연스레 사회에 받아들여지는 경험을 할 수 있었다. 좋아하는 운동도 맘껏 했다. 헬스장이나 수영장에 마련된 탈의실 겸 샤워장은 성중립화장실처럼 개인별로 칸막이가 나뉘어 있었다. 성정체성을 이유로 시설 이용을 거부당할까봐 고민하지 않아도 됐다. 누구에게든 구구절절 자신의 상황을 설명하고 설득할 필요도 없었다.

영씨가 한국으로 돌아온 뒤에도 삶이 순탄치 않은 순간마다 선생님은 힘이 됐다. 수영을 배우고 싶지만 여성 탈의실을 이용해야 한다는 체육관 운영 규정 탓에 포기해야 했을 때나 '여성 신분증' 때문에 나가고 싶었던 체육대회에서 거절당했을 때 등 좌절감이 몰려올 때마다 영씨는 선생님이 있는 학교를 찾곤 했다. 학교가 싫어 떠난 영씨였지만 미경씨 덕분에 이제 학교에서 안정감을 느끼게 된 것이다.

미경씨는 한결같이 영씨를 응원하고 조언을 전했다. "누군가는 제가 교육자로서 영이를 '여자'로 살도록 설득해야 한다고 생각할 테지만 그건 엄연한 폭력이에요. 그런 생각 때문에 성소수자 학생들이 자신의 정체성을 드러내지 못하고 숨어 지내며 홀로 더 아파하고 있습니다."

미경씨가 영씨의 성별정정을 위해 법원에 제출한 인우보증서에는 그의 바람이 담겨 있다. "본 보증인은 신청인을 남성이라 생각합니다. 신청인이 우리 사회에서 부당한 인식으로 고통받지 않기를 바랍니다. 신청인은 자신을 긍정하며 자신의 삶에 최선을 다해 사회의 구성원으로서 살아갈 수 있는 권리가 있습니다. 신청인이 스스로를 긍정할 때 사회 구성원으로서 역할을 충실히 수행할 수 있으며 행복한 삶을 살 수 있을 것이라 확신합니다."

성별정정을 위해 자퇴를 결심한 영씨의 결심을 돌릴 수는 없었지만, 미경씨는 영씨가 학업에서 손을 놓지 않도록 자신감을 북돋아줬다. 영씨가 아르바이트를 한다고 했을 때도 미경씨는 고졸 검정고시를 권했다. 높은 점수로 합격한 영씨는 청소년 지도사가 되겠다며 관련 학과가 있는 대학에 지원했다. 꽃피는 2022년 봄, 영씨는 교육학과 신입생이 됐다. 영씨는 이제 자신도 누군가에게 선생님과 같은 사람이 되기를 꿈꾼다. 교복이나 남녀 학번 구별이 없는 대학교에서 영씨는 처음으로 학기 시작부터 자연스럽게 친구들 사이로 녹아들 수 있었다. 어느새 그의 모바일 메신저 프로필은 대학에서 쌓은 추억들로 가득 찼다. 상태 메시지에서는 그의 설렘이 물씬 풍긴다. "나는야 선생님."

대학에서 만난, 새로운 세상이 되어준 사람들

마지막으로 친구들과 어울리며 다녔던 중학교에서도 영씨가 사귄 친구는 한 손에 꼽힐 정도였는데, 지금 영씨는 자타공인 '인싸'다. 선배들이 신기하게 생각할 정도로 교수님들과도 가까이 지낸다. 미식축구 동아리에도 들어갔다. 몇몇 건물에는 개인별 칸막이가 설치된 샤워실이 있어 학교에서 흠뻑 땀에 젖어도 걱정이 없다. 남학생들만 선수로 뛰는 팀이었지만, 아무도 그를 가로막지 않았다. 주민등록번호도 별도로 수집하지 않아 법적 성별도 문제가 되지 않았다. 5월에는 대학교 리그전 시합에서도 주전으로 나섰다. "사실 제가 패싱이 잘 되는 편이기도 하고요. 어쩌다 보니 너무 즐겁게 지내고 있어요. 여긴 천국입니다."

처음에는 걱정이 많았다. 새 학기가 시작되는 3월이면 눈총에 시달렸던 과거가 떠오르기 때문이다. "여자 학번인데 남자 교복을 입고 있으니 찍히는 걸 각오해야 했거든요. 그런데 이렇게 쉽게 학교라는 울타리 안에서 사이좋게 지내면서 사회를 경험해볼 수 있는 거구나. 난 왜 18년 동안 못 받아온 거지? 저 말고도 주변에 자퇴한 트랜스젠더 친구들이 많아요. 왜 우리는 이런 경험을 제공받지 못하고 밀려났을까 의문이 들었어요."

"쟤는 검정고시 출신이래" "쟤는 실력도 떨어지는데 왜 뽑았대?" 그에게 또 다른 꼬리표를 붙이는 이들도 있었다. 편견을 노골적으로 드러내는 학생들에게 영씨는 질 수 없었다. "다른 전공도 아니고 교육학과 출신은 앞으로 교육자가 될 수도 있는 사람이잖아요." 그날부터 공부에 매진했다. 밤을 꼬박 새울 때도 있다. 공부하느라 바빠 미식축구 동아리에 가는 시간을 줄이기도 한다. 그렇게 받은 첫 학기 성적표. 같은 과 신입생 중 1등이었다. '우리 집 망나니'는 집안의 자랑이 됐다. 방학에도 자진해서 영어 특강을 듣는다. "저 같은 사람이 교사가 될 수 있을까 걱정도 했거든요. 트랜스젠더를 학교가 교사로 받아줄까. 학교 밖 청소년들을 위해 일할 수 있으면 좋겠다. 그런데 지금은 정말 교육을, 학교라는 시스템을 바꾸고 싶어졌어요."

'평범한 남학생'으로 지낼 수도 있었지만, 영씨는 몇몇 친구들에게 트랜스 남성이라고 커밍아웃했다. 초등학교나 중학교에서 겪어본 적 없는 성소수자 친화적인 수업이 그에게 용기를 주었다. '청소년 교육론' 수업에서는 동성애자 가족이 언급됐고, 영어 수업의 교수님은 LGBT의 의미를 설명했다. 교재 속에서 동성애가 '일탈'이라고 묘사됐지만 교수님은 "이성 간 교제만이 올바른 교제가 아니"라고 바로잡았다. 영씨는 "아직도 교과서에 성소수자에 대한 편견이 담겨 있기도 하지만, 교수님이 조금이나마 신경을 쓰고 있어서 안도했다"고 당시를 회상했다. "학교 밖 청소년이나 성소수자에 대해 관심이 있다"는 영씨의 말을 친구들은 진지하게 경청했다. "내 옆에도 있지 않을까, 주변에 성소수자인 친구가 있으면 편하게 말해주면 좋겠다"던 친구들에게 영씨는 자신을 솔직하게 드러냈다.

"이제 와서 이렇게 편하게 사는 게 이상할 정도예요. 치열하게 살다가 이렇게 평화롭고 엄청난 행복이 오니까 없어질까봐 두려워요. 이제 다시 돌아오지 않을 시간들인데도 계속 상상해요. 호르몬치료나 수술할 돈을 모으느라 다른 친구들처럼 학교에서 추억을 쌓을 기회를 바꿔버렸는데. 내가 원래대로 태어났으면 5년 전에도 이렇게 지낼 수 있지 않았을까 생각도 해요. 사회에서 나답게 사는 게 이렇게 오래 걸려야 하는 일인가 싶죠. 일단 교사가 될 친구들이 학교 현장에서 나 같은 아이가 있으면 의지할 수 있는 사람이 되어주었으면 좋겠어요. 그런 사람들이 하나둘씩 늘어나면 안전한 학교가 되지 않을까요."

신엽씨 곁의 친구들

하예림(22세·실명)씨는 신엽씨의 고등학교 2학년 시절 같은 반 친구였다. "신엽이는 좋아하는 일이 많고, 언제나 열심히 사는 친구였어요." 예림씨가 기억하는 신엽씨는 학생회에서 정보부장을 맡아 수강 신청이나 기숙사 배정 프로그램을 관리하는 일을 하면서 학업도 게을리하지 않는 친구였다. 성실한 신엽씨와 친해지고 싶은 마음에 예림씨는 일부러 수학 문제를 물어보며 다가갔다.

그로부터 1년 뒤, 입시를 마치고 같은 대학으로의 진학을 앞둔 두 사람은 부산에서 열린 퀴어문화축제에 갔다. 성정체성을 소개하는 부스에서 신엽씨는 단어 하나를 가리켰다. "트랜스젠더 여성. 내 정체성은 이거야." 신엽씨가 오랫동안 쉽게 털어놓지 못했던 말을 꺼냈다. 예림씨는 놀라는 기색 없이 자연스럽게 신엽씨를 받아들였다. 그 후 두 사람의 우정은 더욱 깊어졌다. 예림씨는 "법적 성별 때문에 남학생과 숙소를 써야 했던 신엽이가 얼마나 불편했을까 하는 생각이 들었다"고 회상했다.

신엽씨의 싸움을 외롭지 않게 해준 건 예림씨였다. 신

엽씨의 성정체성이 뜻하지 않게 어머니에게 밝혀진 뒤 갈수록 가정폭력이 심해지자 신엽씨는 집을 나왔다. 예림씨는 "신엽이는 있는 그대로 소중한 사람"이라며 마음 아파했다. 이후 신엽씨가 학교에 커밍아웃하는 과정을 지켜보고 성별정정 심문기일에는 법원에 함께 출석하기도 했다. 신엽씨를 깊이 이해하고 아끼기에 가능한 일이었다.

성별정정을 위해 법원에 인우보증서를 제출한 것도 예림씨를 비롯한 친구들이었다. 예림씨는 인우보증서에 마음을 담아 이렇게 적었다. "아직 성별정정이 되지 않았으나 자신을 여성으로 소개한 이후 훨씬 행복한 생활을 하고 있습니다. 하지만 당장 거주지를 구하는 일, 취업 등 신청인이 마주하게 될 수많은 상황에서 성별을 포함한 개인정보를 요구할 것입니다. 성별정정이 이뤄지지 않는다면 법적으로 등록된 정보와 다른 성별을 말했다는 이유로 불이익을 받을지 모릅니다. 법적인 성별정정은 신청인이 개인의 완전한 삶을 누리기 위해 필수로 거쳐야 할 관문이라고 생각합니다."

예림씨는 "신엽이와 친구들은 [커밍아웃 이후] 달라진 게 거의 없어요. 오히려 신엽이에 대해 더 잘 알게 된 기분"

To. 신엽

신엽아 안녕! 만나서 이야기 나눈게 너의 영상봤다가 ㅠ
원, 너의 교육봉활 인스타나 친구들에게서 간간히 보거나
들었는데, 미처 연락하며 응원못해서 미안ㅠ
어디서부터 어떻게 말을 시작해야 할지 잘 모르겠어서...
음음, 내 들에 친구가 롤링페이퍼에 쓴다는걸 얼겨줘서
이 자리를 빌려 소리없이 너 마음을 전해. 처음이
나는 너의 결정이 정말 용기있고 멋지다고 생각해!
그리고 너가 매우 대단하다고 생각하고 너를 응원해!
멋진 선택을 한 만큼 앞으로 행복한 일만 가득했으면 좋겠다!
그리고... 혹시나 힘든일이 생겨도 너는 멋진 사람이니까
거뜬히 잃지 많고 저런감 일거야! 내가 응원할게!
정말 너는 멋있고, 용기있는 사람이라는걸 멋있어!
그리고 앞으로 좋은일만 가득하길 바랄게.
저번에 만날수 있었는데, 약속 취소하기 미안ㅠ
이제 다 나았어! 만나서 맛밥하자! 그럼 안녕!
— 김○○

신엽 안녕!
조금 쑥스럽지만, 행복한 삶을 위해 노력하는 널 보면
항상 놀랍고, 대단하다는 생각이 들어.
물론 앞으로 힘든 일도 종종 있겠지.
그래도 수없이 많은 좋은 일이 펼쳐질 거라는 점을
언제나 기억해줬으면 좋겠어.
좋은 일은 함께 기뻐하고, 힘든 일에는 어깨를
토닥여줄 수 있는 친구들이 네 곁에 있으니까
그 어떤 일도 해낼 수 있을 거야 ♡ —하○○

신엽아 성별정정 신청하느라 수고했다!
자신이 원하는 성별로 사회에서 인정받는
것이 당연한 것 같으면서도, 참 어렵네.
앞으로도 아직 넘어야할 산이 많아
보이지만, 너라면 끝까지 갈 수 있을 것
같아. 화이팅! —김○○

까리뭉에서 네 얘기를 할 때마다
마음속으로 응원하고 있어!
네가 어떤 선택을 하든 가장 행복한 너로
살아가길 바랄게 ㅎㅎ —윤○○

신엽아! 너는 너 그 자체로 아름답고 멋진
사람이야, 항상 당당하게, 자신있게 너의 길을
만들어가길 응원할게! 물론 그 과정에서 힘든 일도
많겠지만 옆에 돌아보면 항상 널 지지하는
친구들이 있다는 걸 잊지마! 화이팅!
— 류○○ —

안녕 신엽이 ㄱ 잘 지냈어?
상황이 상황이다 보니 얼굴 본 지도 꽤 오래 되었네ㅠ
그래도 SNS로 소식 전해듣고 있었어.
보면서 멋있다는 생각을 늘 늘 하곤 했어 ㅎㅎ
돌이켜보니 평소에 표현한 적은 없던 것 같아서
부끄럽더라도 남겨봐ㅋ. ㅋㅋ 늘 응원하고 있어!
힘내라는 말도 하고 싶지만 무엇보다도 너를 응원하는
사람들이 있다는 애길 해주고 싶어!! — 박○○ —

신엽씨의 친구들이 보내온 롤링페이퍼에는 응원과 지지의 말들이
꾹꾹 눌러 쓴 손 글씨로 적혀 있었다.

이라고 전했다. 한때 예림씨는 신엽씨가 겪은 가정폭력을 전해 듣고, 자신의 부모님이 신엽씨에 대해 알게 되면 어떤 반응일지 상상해봤다. "저희 부모님도 젠더감수성이 있는 편이 아니라 걱정도 했다"면서 "하지만 부모님의 시선은 친구를 사귀는 데 중요하지 않고, 부모님들의 젠더감수성도 바뀔 수 있다고 생각한다"고 단호하게 말했다. 예림씨는 "신엽이 부모님의 마음을 다 헤아릴 수는 없겠지만, 가까이에서 본 신엽이는 강하지만 여린 면도 있다"면서 "알지 못했던 면을 알게 되었다는 이유로 거리를 두기에 신엽이는 너무나 소중한 사람"이라고 힘주어 말했다.

그날, 인터뷰를 마친 뒤 취재팀은 예림씨에게 혹시 친구들의 응원 메시지를 받아줄 수 있는지 부탁했다. 지면 기사가 나갈 때 신엽씨에게 깜짝 선물처럼 공개하고 싶어서였다. 잠시 고민하던 예림씨는 "심문기일에 간다고 하니 '잘하고 오라'고 했던 친구도 있고, [신엽이가] 원피스를 사거나 머리를 길렀을 때 '잘 어울린다'고 했던 친구도 있다"며 취재팀의 부탁을 기꺼이 수락했다. 며칠 뒤 예림씨는 5명의 친구들과 함께 쓴 롤링페이퍼를 보내왔다. 거기에는 평소 신엽씨의 친구들이 미처 전하지 못했던 말들이 꾹꾹 눌러 쓴 손 글씨로 적혀 있었다.

외면이 지지로 바뀌기까지, 슬씨의 어머니

　김수현(51세·가명)씨를 처음 만난 건 2021년 여름, 서울에서 있었던 성소수자부모모임 정기모임에서였다. 트랜스젠더 자녀를 둔 부모님들이 모이는 그 자리를 수현씨는 딸 슬씨와 함께 찾았다. 취재팀은 당시에 그게 어떤 의미인지 잘 몰랐지만, 얼마 지나지 않아 부모와 함께 이곳에 온다는 건 꿈에서나 그릴 법한 일이란 걸 알게 됐다. 청소년 트랜스젠더의 대다수가 자신의 성정체성을 부모에게조차 털어놓지 못하기 때문이다. 슬씨의 부모님은 처음에는 갑작스런 커밍아웃을 없는 일인 양 외면했지만 결국 슬씨에게 가장 큰 힘이 되어주었다. 취재팀은 슬씨와 인터뷰를 진행하면서 그의 어머니를 꼭 한번 만나고 싶다는 마음이 들었다. 어린 시절부터 성정체성으로 인해 학교와 가정에서 고통받았던 슬씨를 가장 가까이서 지켜보며 온갖 감정의 격랑을 겪었을 부모님의 이야기를 듣고 싶어서였다.

"처음에 아이가 자신이 남자가 아니라고 했을 땐 진지하게 듣지 않았어요. 아예 몇 년간 귀를 막고 살았죠. 근데 그게 아니더라고요. 화장실에 가는 게 불편해 물 마시는 것도 참아야 하는 삶을 선택하는 사람이 세상에 어디 있겠어요. 그런 문제가 아니라는 걸 깨닫고 그제야 많은 것들이 이해가 됐어요. 그걸 처음 깨달은 날 밤엔 남편과 정말 많이 울었죠."

언제 자녀가 트랜스젠더란 사실을 온전히 받아들였느냐고 묻자 수현씨는 그렇게 답했다. 그랬던 수현씨가 이제는 슬씨의 성적 지향과 성정체성에 대해 "논바이너리 무로맨틱 무성애자"라고 담담히 설명한다. 트랜스젠더가 뭔지도 몰랐던 그는 몇 년 새 논바이너리나 무로맨틱 무성애자와 같은 말들이 어떤 의미인지를 누구보다도 잘 알게 됐다. 논바이너리는 여성이나 남성 어느 한쪽으로 자신의 성별을 규정하지 않는다는 뜻이며, 무로맨틱 무성애자는 누구에게도 연애 감정이나 성적 끌림을 느끼지 않는다는 의미라는 걸 말이다. 관심을 갖지 않으면 젊은 사람들도 잘 알지 못하는 단어를 수현씨가 편하게 사용하게 되기까진 결코 짧지 않은 시간이 걸렸다.

슬씨가 어머니에게 커밍아웃한 건 중학교 3학년 때였다. 당시 수현씨는 슬씨의 고백을 받아들일 수 없었다고 했다. 아이의 어린 시절을 되짚고 또 되짚어봤지만 유난히 여성스러운 행동을 했다거나 공주 인형에 관심을 보인 기억은 없었다. "초등학교 1학년 때쯤인가, 생일파티 때 턱시도를 입혀주는데 슬이가 옆에 있는 여자애 드레스를 가리키면서 '엄마 나 저거 입고 싶어' 이렇게 말했던 기억이 얼핏 있긴 해요. 근데 그거는 억지로 막 떠올리다 보니 생각이 나는 거지, 노는 건 여느 남자애들하고 다를 게 없었어요. 와일드하지 않았을 뿐이지 장난감 자동차도 갖고 놀고요. 그러니 어떻게 대뜸 '그래 네가 그렇게 생각한다면 있는 그대로 받아들일게'라고 할 수가 있었겠어요."

통상 언론이나 미디어에서 보여주는 트랜스젠더는 아주 어릴 때부터 지정 성별과 다른 성별이 하는 놀이에 관심을 갖거나 그들이 주로 하는 언행을 하는 것으로 묘사된다. 실제 그런 사람들도 있지만 슬씨의 사례처럼 성별 불쾌감이 꼭 그런 방식으로만 나타나지 않는 경우도 있다. 여자아이라고 해서 반드시 인형놀이를 좋아하지 않고, 남자아이라고 해서 반드시 로보트놀이를 좋아하지 않는 것처럼 개인차가 있는 것이다. 여성이나 남성 어느 쪽으로도 정체화하지 않는 논바이너리라면 말이나 행동, 취향 등이 성별 이분법적으로 나뉜 그대로 나타나지 않을 가능성이 더 높기도 하다.

자녀의 커밍아웃을 받아들일 수 없었던 수현씨는 오랜 시간 스스로에게 일종의 주문을 걸었다고 했다. 아이가 어릴 때부터 우울증을 앓은 탓이라고, 부모인 내가 잘못 키웠다고, 세상이 소수자에게 얼마나 차가운 곳인지를 몰라 저러는 거라고 스스로에게 되뇌었다. "우리 세대가 그렇잖아요. 공동체가 더 중요하니까 사회적으로 트랜스젠더가 어떻게 받아들여지는지를 아는데 앞으로 이 아이가 어떻게 살아갈지부터 걱정이 됐죠. 그냥 아픈 아이로 보면 어쩌나, '쟤 부모는 뭘 하길래 애를 저렇게 놔두냐'는 말을 듣기라도 하면 어떡하나, 오만 가지 생각이 다 들더라고요."

슬씨가 고등학교에 진학하자 상황은 더 나빠졌다. 가족들 사이에는 두꺼운 벽이 생겼다. 그때까지도 수현씨는 슬씨가 '돌아올 수 있다'고 여겼다. '아이가 너무 힘들고 외로운 길을 가지 않았으면' 하는 마음은 슬씨가 트랜스젠더가 되는 걸 '선택'한 거니 언젠가 그 마음이 바뀔 수 있을 거란 생각으로 이어졌다. 형제자매가 없는 슬씨가 부모가 떠나고 홀로 남았을 때를 상상하며 눈물짓는 순간도 많았다.

학교는 물론 가정에서도 온전히 받아들여지지 못한 슬씨는 그렇게 마음의 문을 닫았다. 점차 방에만 틀어박히는 날이 늘었고 말수도 부쩍 줄었다. 슬씨 자신도 그때의 기억이 선명하지 않다고 했다. "이대로 가다간 아이를 잃을 수도 있겠더라고요. 슬이를 온전히 이해한 건 아니었지만 몇 날 며칠을 울고 가라앉고 하는 걸 보면서 부모로서 어떻게 그냥 두고 볼 수만 있겠어요. 일단 학교라도 그만두면 괜찮아지지 않을까 싶어서 자퇴 얘기를 꺼냈죠."

슬씨는 어머니와 아버지가 내민 손길에 그제야 조금씩 속마음을 터놓기 시작했다. 그러다 나온 게 화장실 얘기였다. 여자화장실에 갈 수 없어 밖에선 물도 마시지 않으며 화장실을 참는다는 슬씨의 말에 수현씨 부부는 크게 충격을 받았다.

"기본적인 배변과 먹는 걸 못 한다는 게 얼마나 불편한 일인지를 아니까. '그렇게 힘든 걸 선택하는 사람이 있을까' 하는 생각이 들면서 머리가 띵하더라고요. '아, 이게 선택의 차원이 아닌 거구나' 하는 걸 그제야 알게 된 거죠." 슬씨의 사례처럼 많은 트랜스젠더가 공중화장실 이용에 어려움을 겪는다. 법적 성별정정을 하지 않은 상태에서 누군가 알아채고 문제를 제기할 경우 일이 커질 수 있다는 두려움에 최대한 화장실에 가는 걸 피하게 되는 것이다. 김승섭 고려대학교 보건과학대학 교수 연구팀은 2021년 7월 성소수자 건강 학술저널인 《LGBT 헬스LGBT Health》에 트랜스젠더의 공중화장실과 관련한 스트레스 요인 경험이 우울 증상 발생률에 영향을 끼친다는 연구 결과를 발표하기도 했다. 집 밖으로 나선 순간부터 물 한 모금 쉽게 마실 수 없는, 대다수의 사람들은 상상하기조차 어려운 트랜스젠더의 고충은 수현씨 부부가 슬씨를 이해하는 단초가 됐다.

슬씨에게 성확정 수술을 먼저 권한 것도 수현씨였다. 자퇴 후에도 슬씨의 우울증이 쉽사리 호전되지 않자 수술이 답일 수 있다는 생각에 이르렀기 때문이다. 그런 마음을 갖게 되기까지 성소수자부모모임이 큰 도움이 됐다. 슬씨가 정신건강의학과에서 진단서를 떼고 호르몬치료를 받기 전부터 수현씨는 성소수자부모모임에 나가기 시작했다. 그곳에서 다른 부모들이 자녀를 온전히 받아들이는 모습을 보고 많은 위안과 용기를 얻었다. 그러한 과정 속에서

어머니 김수현씨와 딸 윤슬씨.

수현씨는 이대로라면 슬씨가 한국사회에서 살아가는 게 얼마나 힘들지 눈에 선했고, 가능한 한 빨리 원하는 대로 살아갔으면 좋겠다는 바람을 품게 됐다. "남편은 또 생각이 다르더라고요. 그렇게 서두를 필요가 있느냐는 입장이었어요. 오히려 제가 남편을 설득하는 상황이 된 거죠. 그렇게 다 같이 논의하는 과정이 1년 정도 있었고, 대학에 가기 전에 수술을 마치고 성별정정을 하는 게 좋겠다는 쪽으로 의견이 모였어요." 슬씨가 성확정 수술을 받기 위해 탑승한 태국행 비행기에도 수현씨 부부는 함께 올랐다. "아이는 지금도 저희보고 그래요. 대단하다고, 자기는 이런 부모를 만나 정말 운이 좋다고." 옆에 앉아 있던 슬씨가 수현씨의 손을 꼭 잡았다.

그러나 성확정 수술이 모든 문제를 한 번에 해결해준 건 아니었다. 수현씨에 따르면 슬씨는 수술을 받은 뒤에도 한동안은 힘들어했다. "오랫동안 우울증을 겪어서 그랬는지, 수술을 하면 곧장 밝아질 거라고 생각했는데 그렇지가 않더라고요. 오히려 '우리가 나쁜 선택을 한 건가' 하는 고민이 들기도 했어요." 슬씨가 기운을 되찾은 건 수술 후 성별정정을 하고 나서부터였다. 스스로가 인지하지 않는 성별이 표기된 주민등록증을 갖고 생활한다는 게 얼마나 큰 스트레스였을지 짐작이 가능한 대목이다. 슬씨는 지금의 상태를 이렇게 설명했다. "요즘 들어선 극심한 우울증은 안 오는 것 같아요. 전엔 감당하기 힘든 수준이었다고 하면 지금은 그래도 괜찮은 수준이라고 해야 할까요."

슬씨가 성별정정을 마쳤지만 수현씨는 아직도 고민이 많다. 트랜스젠더라는 사실이 알려졌을 때 누군가 슬씨에게 해를 가하지는 않을까 하는 두려움 때문이다. "슬이가 키가 큰 편이잖아요. 학교 다닐 때도 제일 크다시피 했는데, 이 키를 키우려고 얼마나 좋은 것들을 많이 해 먹었는지. 근데 지금은 그걸 보고서 사람들이 쉽게 트랜스젠더라는 걸 알아채지 않을까 하는 걱정이 들어요. 그러니까 길 가다가 괜히 주변 사람들을 살피게 되는 거예요. 무슨 미어캣처럼 말이에요." 수현씨의 말에 옆에 있던 슬씨가 웃으며 "그냥 키가 커서 쳐다보는 거야. 엄마만 그렇지 처음 본 사람들은 다 아무렇지 않게 대해"라고 말했다. 이제 너무 걱정하지 말라는 듯 안심시키는 모습이었다.

수현씨가 가진 불안은 한국사회가 바뀌기 전까진 쉽사리 사라지지 않을지도 모른다. 하지만 슬씨는 이제 자신

이 더 이상 혼자가 아니라는 걸 안다. "막연하게 슬이가 이제 고립되어서 혼자가 되겠구나, 하고 생각했어요. 그런데 온라인상으로 마음이 맞고, 의지할 사람들을 만나고 하는 걸 보면서 안심이 되더라고요. 저한테 성소수자부모모임이 그랬어요. 내가 혼자가 아니라는 생각을 하게 해줬어요. 단순히 인정하기만 하고 '그래도 힘드니까 그 길로 가지 마!'라고 하는 게 아니라 있는 그대로 아이를 받아들일 수 있게 해준 소중한 곳이죠. 이제 슬이한테 바라는 건 자기 앞가림하면서 스스로 만족할 수 있는 삶을 살아가는 거, 그것밖엔 없어요."

커밍아웃과 앨라이, 서로의 용기가 필요한 일

부모로부터 이해받고 싶고, 인정받고 싶은 마음은 누구나 갖고 있을 것이다. 아예 관계를 단절하려는 게 아니라면 부모가 있는 그대로의 나를 온전히 받아들이고 사랑해주길 바란다. 고등학교를 자퇴한 우현씨가 성소수자부모모임에 부모님을 무작정 끌고 간 것도 그런 마음이 바탕이

됐을 것이다. 자신의 성정체성을 회피해야 하는 골칫거리로 여기는 부모님이 다른 부모님들을 만나면 달라질지 모른다는 기대도 있었다. 때마침 그날의 모임은 "자녀가 트랜스젠더"라고 자신을 소개하는 참석자들이 많았다. 마주 앉은 이들은 자녀의 성정체성을 어떻게 알게 됐는지, 당시 부모로서 어떤 심경이었는지, 자녀가 어떻게 살아가고 있는지를 차분히 말했다. 가만히 대화를 듣던 우현씨의 어머니가 눈물을 쏟아냈다. 어머니는 "이런 상황에 있는 사람이 저밖에 없는 줄 알았어요. 같은 길을 지나간 분들이 있다는 걸 알게 되니 안심이 돼요"라고 말했다.

그러나 한 번의 만남으로 하루아침에 변화가 생기지는 않았다. 우현씨는 그 후로 부모님의 태도가 눈에 띄게 달라진 건 아니었다고 했다. 우여곡절은 계속됐고, 탈가정도 했다. 그래도 우현씨는 부모님의 "너를 받아들이겠다"는 한마디가 변화의 시작이라고 여긴다. "이런 나라도 충분히 잘 살 수 있다는 걸 알게 되신 거 같아요." "이해는 가지 않지만 소중한 자식이지 않느냐"며 어머니를 설득해준 외할머니에게 느끼는 고마움도 크다. 혼란스러웠을 텐데도 힘든 내색을 하지 않는 동생을 볼 때면 대견함도 느낀다.

한편, 희원씨는 고민 끝에 얼마 전 어머니에게 《나단이라고 불러줘》를 추천했다. 학교 친구들과 함께 읽고 싶었던 바로 그 책이다. 책을 꼼꼼히 읽은 어머니는 희원씨에게 "너뿐만 아니라 트랜스젠더가 겪는 성별 불쾌감을 이해하도록 노력할게"라고 했다. 물론 10여 년간 몸에 밴 습관이 한순간에 바뀌지는 않았다. 이따금 희원씨를 '딸'이라고 부를 때도 있다. 하지만 희원씨는 어머니의 진심과 노력을 안다. 성별 불쾌감이 심해져 괴로울 때마다 희원씨를 위로하고 다독여준 건 어머니였기 때문이다. 어느 날 방 안에서 눈물을 쏟는 희원씨의 이야기를 가만히 경청한 어머니는 "트랜지션을 더 적극적으로 고민해보자"고 했다. 의사에게 "조만간 호르몬치료를 진행하려고 하고, 자궁적출 수술도 받을 계획"이라고 말한 것도 어머니였다. 희원씨는 수능을 치르고 나면 가능한 한 빨리 트랜지션을 시작할 계획이다.

희원씨는 자유를 찾아 학교 밖으로 나왔지만, 학교 밖 세상도 성별 이분법이 공고하기는 마찬가지다. 학교 밖 청소년 지원 센터 꿈드림에서 만난 선생님은 다행히 성정체성을 존중해주는 편이었지만, 그곳에도 성중립화장실은 없었다. 남자화장실에 갈 때면 눈치를 보느라 신경이 곤두

선다. 희원씨는 자신이 아직은 소년처럼 보일지 몰라도 과연 나이가 들어서도 남자화장실에 갈 수 있을지 고민스럽다고 했다. 혹여 남자화장실에서 폭력에라도 노출된다면 법적 성별이 여성인 자신을 공권력이 보호해줄지도 걱정이다. 그래서 희원씨는 밖에서 화장실을 잘 이용하지 않는다. 화장실뿐만이 아니다. 얼마 전 건강이 악화돼 폐쇄병동에 입원했을 때도 이런 남녀 구분의 굴레에서 자유로울 수 없었다.

"트랜스젠더로 사는 건 꽤나 버거워요. 발에 모래주머니를 달고 걷는 것과 비슷해요. 몇 배로 노력해야 겨우 시스젠더의 삶을 따라갈 수 있으니까요. 당사자의 목소리에 귀를 기울이고 지지해주는 건 큰 힘이 돼요. 많지 않지만 제가 트랜스젠더라는 사실을 알고 떠나지 않은 친구들도 정말 소중하고요. 언젠가 엄마와도 퀴어문화축제에 함께 가고 싶어요."

희원씨는 꿋꿋이 앞으로 나아간다. 역경 속에서도 꿈을 찾았다. 자신과 같은 청소년 트랜스젠더를 잘 이해할 수 있는 정신과 의사는 희원씨의 꿈이다. 병원이나 병동 안에서 성별 이분법을 논의하고 제도적 개선에 기여하고 싶은 마음을 품고 희원씨는 학업을 이어가고 있다.

있는 그대로를 인정한다는 것
: 캐나다의 청소년 트랜스젠더

캐나다나 미국 등 다른 나라의 청소년 트랜스젠더가 마주하는 일상 속 풍경은 사뭇 다르다. "교수, 교직원들은 물론 학생들까지도 제가 불리길 원하는 성별을 묻고, 그걸 존중해주며 대화를 이어나갑니다. 제가 의료적으로 성확정을 하거나 법적으로 성별정정을 완료하지 않았는데도 사회가 나를 있는 그대로 인정해주니 이제야 숨을 제대로 쉴 수 있을 것 같아요." 김주형(24세·가명)씨는 인터뷰 당시 캐나다로 이민한 지 4년째를 맞이하고 있었다. 트랜스 남성인 그는 한국을 떠난 뒤에야 그토록 바라던 '평범한 삶'을 살게 됐다고 말했다. 뭐가 가장 좋은지 묻자 "사는 게 덜 버겁다"고 말하는 주형씨에겐 고통 속에 하루하루 버텨낸 중고등학교 시절의 기억이 있었다.

"여고를 다니면서 인권동아리를 했어요. 축제 날 발표

자로 뽑혀서 성소수자 인권을 주제로 얘기하겠다고 하니 교장을 비롯한 선생님들이 나서서 반대하더군요. 제가 머리도 짧고 바지 교복을 입고 다녔거든요. 독실한 기독교인인 같은 반 친구 1명은 저를 일부러 아우팅하려고 몰아가기도 했죠." 학교에서 '있는 그대로의 나'는 없었다. 아니 정확히 말하면, 없어야 했다. 있는 그대로의 자신을 드러내려 할수록 더 큰 장벽에 부딪혔다. 살기 위해 스스로를 숨겨야 하는 날들의 연속이었다.

주형씨가 버틸 수 있었던 건 청소년성소수자위기지원 센터 띵동이 내민 도움의 손길 덕분이었다. "띵동 활동가분들이 많이 도와주셨어요. 저 같은 청소년은 사회적으로 보호받지 못하고 배척당하는 존재이다 보니 집에서 쫓겨나거나 학대·폭력을 당하는 경우가 많거든요. 근데 지원책은 전혀 없어요. 항상 사람들은 사회적 합의가 먼저 이뤄져야 한다고 말하는데, 사실 인식은 교육이나 제도, 법이 있어야 바뀌지 않을까요?" 주형씨는 법과 제도가 마련되지 않는 한 자신을 비롯한 청소년 트랜스젠더는 지원의 사각지대에 갇혀 있을 수밖에 없다고 했다.

많은 청소년이 "일단 대학만 가면……"이라는 소리를

듣고, 스스로도 주문처럼 외운다. 그만큼 많은 걸 억압받는 시기라는 의미이기도 할 것이다. 청소년 트랜스젠더에게 도 "일단 대학만 가면……"이라는 주문은 끊이지 않는다. 대학에 가면 그나마 조금이라도 나은 미래가 펼쳐질 것이 란 희망이 유일한 버팀목이다. 하지만 대학 입시에 성공해 도 '온전한 나'로 살 수 없는 현실에 부딪히면 희망은 이내 잿빛이 되고 만다.

"대학에 가기 전에 성별정정까진 아니더라도 이름이 ┐ㄷ ㅣㅐㄱㅓㅅ ㅐㅅㅣㄴㅚㅅㅔ 세팅을 하려고 했는데, 그게 안 되니 또 숨겨야 했어요. 교수님한테나 친구한테 항상 당당하지 못했어요. 그게 제일 힘들었던 것 같아요." 트랜스젠더에게 패싱은 생존과 직결된 문제이기도 하다. 내가 인식하는 나 의 성별과 다른 사람들이, 사회가 받아들이는 나의 성별이 다르다고 생각해보라. 평범한 일상은 불가능에 가깝다.

대학 입학 전 개명과 의료적 트랜지션을 하려던 주형 씨의 계획은 부모님의 반대로 틀어졌다. "입시가 끝나고 엄 마한테만 커밍아웃했어요. 만에 하나 절 내쫓으신다 해도 제가 생각하기에 어떻게든 독립해 살 수 있을 때까지 기다 린 거죠. 다행히 그렇게 놀라시거나 부정적이진 않으셨어요. 그런데도 '의료적 트랜지션은 하지 말아라. 너 자신을 알면 되는 것 아니냐'고 하셨죠. 엄마의 소개로 만난 의사 선생님은 제가 우울증이 있어서 성별 불쾌감이 있을 수 있다면서 의료적 트랜지션을 하지 않는 걸 추천한다고 하셨어요. 말도 안 되는 소리였어요."

캐나다 교포이자 트랜스 여성인 연인을 만나 캐나다로 건너간 스물한 살의 봄, 주형씨의 인생에도 봄이 왔다. 캐나다 대학에서는 교수뿐만 아니라 교직원 모두가 학생의 성별을 외관으로 판단하지 않았다. 학생이 원하는 인칭 대명사를 묻고 그대로 따랐다. 각자가 인식하는 성정체성을 겉모습만으로 단정하지 않으며 선택을 존중했다.

"직접 만났을 때도 외모나 목소리로 판단하지 않고 어떻게 불리길 원하는지 물어봐요. 교직원이 다들 그렇게 하니까 학생들도 그렇게 하는 게 익숙하고, 이게 아무 일도 아닌 것처럼 이뤄지니까 이 사회가 날 환영하는 게 느껴진달까요. 지금도 패싱이 완벽하게 되는 건 아니지만, [학교에서는] 완전히 커밍아웃한 상태입니다. 학기 초에 교수님들께 메일로 전부 말씀드렸고, 학내 구성원들도 제가 데드네임deadname[성정체성 확립 전, 출생 시 지어져 불린 이름]에 노출되지 않게 신경 써줍니다."

학내에 성중립화장실과 성중립탈의실 등이 구비된 것도 큰 차이점이다. 이건 학교 밖도 마찬가지다. 이른바 '모두의 화장실'인 성중립화장실을 학교뿐만 아니라 쇼핑몰 등 공공장소 어디에서나 손쉽게 찾아볼 수 있다. "토론토 인근에서 가장 규모가 큰 [쇼핑]몰에는 화장실이 성별에 따라 구분되어 있지 않아요. 전부 그냥 성중립화장실입니다. 어차피 칸이 나뉘어 있으니까 [성별에] 상관없이 다들 이용하는 게 신기했죠.

캐나다는 1977년 전 세계에서 가장 먼저 차별금지법을 제정한 나라로 꼽힌다. 인종·출신 국가·피부색·종교뿐 아니라 성정체성 및 성적 지향 등을 이유로 행해지는 차별을 금지하는 '캐나다인권법'은 주형씨와 같은 성소수자의 동등한 권리를 보장한다. 이러한 법에 따라 고의적으로 혐오 표현을 쓴 사람은 최대 2년 징역형에 처해질 수 있다.

한국에선 늘 트랜스젠더 지지모임을 찾았던 주형씨는 캐나다에 온 뒤로 더 이상 지지모임을 찾지 않는다고 말했다. "제도적으로 잘되어 있고, 학교에서 제 존재를 인정해주니까 나를 인정해주는 커뮤니티를 굳이 따로 찾아가 사회활동을 할 필요를 못 느끼는 것 같아요. 아마 이게 행복이겠죠. 평범하게 살고 싶은 거 하나 바랐는데 그게 안 되니까 힘든 거였잖아요."

학교의 최우선 역할은 무엇인가
: 미국의 청소년 트랜스젠더

취재팀은 청소년 트랜스젠더 인권과 관련해 다른 나라에서는 또 어떤 제도적 지원을 마련하고 있는지를 살피기 위해 미국의 한 전문가를 찾아 화상으로 인터뷰했다. 미국의 여러 도시들 중에서도 샌프란시스코는 트랜스젠더 학생들의 인권 보장을 위한 제도적 대안 마련의 최전선에 있는 곳이다. 미국 캘리포니아주 샌프란시스코통합교육구 San Francisco Unified School District, SFUSD는 샌프란시스코의 유일한 공립학교 시스템이자 캘리포니아주의 첫 학군으로 일종의 시교육청 역할을 한다. 매년 약 5만 5500명 학생들의 교육을 책임지는 이곳에서 성소수자 학생을 위한 서비스 실무를 맡고 있는 케나 헤이즐우드Kena Hazelwood는 샌프란시스코 정부가 성소수자 학생을 지원하는 이유를 이렇게 설명했다.

"학생들이 안전한 환경에서 학업에 집중하도록 돕는 게 최우선입니다. 제도적인 보호와 지원이 뒷받침되어야 학생들이 자기혐오에 빠지지 않고 스스로 성정체성을 받아들일 수 있어요. 나아가 사회에서도 외부인으로 고립되지 않고 어울려 살아갈 수 있죠."

헤이즐우드는 샌프란시스코에 있는 160여 개 공립학교에 제공되는 성소수자 교육프로그램을 운영하는 담당자다. 그의 말에 따르면, 샌프란시스코에서 공립학교에 재학 중인 학생 5만 5500여 명 가운데 성소수자는 약 7%(3885명)로 추정된다. "트랜스젠더 학생의 비율은 [공립학교 재학생의] 약 1%인 550여 명으로 보고 있어요. 학생들이 성정체성이 발각될까봐 불안해하거나 괴롭힘을 당한다면 교육이 제대로 이뤄질 수 없습니다."

학생 인권과 교육에 대한 이러한 관점은 지역 교육위원회가 1990년 5월 성소수자 청소년들을 위한 상담프로그램을 비롯한 지원 서비스를 도입하기로 결정한 배경이기도 하다. 2003년부터는 학생들이 원하는 이름과 성별로 불릴 수 있도록 하는 정책도 시행됐다. 다만 성적표 등 공식 기록에는 법적 이름과 성별이 표기된다. "성소수자 학생이 일상에서 맞닥뜨릴 사회적 성별 불쾌감을 줄여주기 위한 조치예요." 학생이 자신의 지정 성별에 대해 느끼는 성별 불쾌감에 대해 직접적으로 도와줄 수는 없을지라도, 학교라는 사회적 환경을 바꿔줌으로써 간접적으로나마 성별 불쾌감을 줄이는 데 학교가 할 수 있는 역할과 책임이 있다는 것이다.

샌프란시스코통합교육구 교직원들은 2년마다 성소수자 인권교육을 받는다. 학교에서만큼은 학생 모두가 성적 지향과 성정체성에 관계없이 존중받을 수 있도록 하기 위해서다. 루스 아사와 샌프란시스코 예술학교Ruth Asawa San Francisco School of the Arts처럼 성소수자 관련 과목(성소수자 역사 등)을 정식 교과로 채택한 학교도 적지 않다. 아울러 대부분의 학교가 성중립화장실과 탈의실을 갖추고 있다. 정서적인 고립감이나 우울감을 호소하는 학생들은 교내 건강관리센터에서 의료 지원을 받거나, 젠더클리닉을 갖춘 미국 캘리포니아대학교 샌프란시스코캠퍼스 베니오프소아병원UCSF Benioff Children's Hospitals 등 전문 기관으로 연계된다.

또한 성소수자 학생 본인의 동의 없이는 그 부모에게도 성
정체성을 알릴 수 없다.

헤이즐우드는 "학생 스스로 자신의 성정체성을 받아
들이지 못하는 경우 우울증은 물론이고 자해나 자살까지
로도 이어질 수 있다"고 말하며 "학교가 보호해야 청소년
들이 인간답게, 평등하게 존중받으며 살아갈 수 있다"고 강
조했다.

"너는 혼자가 아니야"
: 네덜란드의 어린이·청소년 트랜스젠더

일찍부터 트랜스젠더가 가시화된 네덜란드도 트랜스
젠더의 의료권이 충실하게 보장되고 성별정정 등의 법적
절차가 간소화된 나라 중 하나다. 지금도 논바이너리를 비
롯한 다양한 성정체성을 가진 이들이 제도적 보호를 받으
며 살아갈 수 있도록 변화하고 있다. 네덜란드 법원에서는
이미 2018년에 남성도 여성도 아닌 논바이너리를 인정하
는 판결이 나오기도 했다. 그러나 네덜란드에도 전환치료

를 강요하거나 성별정정의 조건으로 불임 수술을 요구했던 역사가 있다. 취재팀은 네덜란드가 과거의 잘못을 딛고 오늘날 어떻게 청소년 트랜스젠더의 성장을 지원하는지를 들여다보기 위해 2021년 11월 직접 네덜란드로 향했다.

네덜란드 수도 암스테르담에서 북서부 방향으로 약 20킬로미터 거리에 위치한 소도시 잔담^{Zaandam}. 취재팀은 2021년 11월 22일(현지 기준) 이곳에 위치한 심리상담소 유즈 잔담^{Youz Zaandam}을 찾았다. 2016년 4월 개소해 성별 불쾌감을 겪는 어린이와 청소년을 대상으로 상담을 진행하는 유즈 잔담에는 정신과 의사, 가족 상담사, 놀이 전문 상담사, 심리학자 등 12명이 일하고 있다. 유즈 잔담은 어린이와 청소년 트랜스젠더들이 겪는 고립감이나 우울감을 덜어내고 이들이 다른 이들과 유대를 쌓고 자존감을 높일 수 있도록 하는 데 초점을 맞춘다. 상담 서비스를 시작한 지 약 6년밖에 되지 않았지만 17개월을 기다려야 상담이 가능할 정도로 명성과 신뢰를 쌓았다. 지금까지 300명이 넘는 어린이와 청소년이 이곳을 다녀갔다.

"내가 자라면 엄마처럼 가슴이 나와요? 나는 싫어요. 도와주세요." 네덜란드에 사는 다섯 살 노아(가명)도 유즈 잔담을 찾은 아이 중 1명이었다. 노아는 사춘기가 오면 자신의 몸이 어떻게 바뀔지 고민이라고 했다. 어머니와 함께 찾아온 이곳에서 정신과 의사 알렉스 콜만을 만난 노아는 "나는 소녀가 아니라 소년이에요"라고 말했다. "우리 아이를 어떻게 해야 하느냐"며 걱정하는 그의 어머니에게 콜만은 "아이가 자기 자신에 대해 제일 잘 압니다. 아이가 원하는 대로 해야 합니다"라고 답했다.

유즈 잔담에서는 개인이 겪고 있는 성별 불쾌감의 정도니 싱싱세와 난세에 따라 맞춤형 상담과 프로그램이 진행된다. 우울증, 공황장애가 있는 경우 많게는 일주일에 한번씩 상담을 받기도 하는데, 2차성징이 나타나는 10~12세 어린이는 우울감을 호소하거나 부모나 교사에게 속마음을 털어놓는 데도 어려움을 느낀다. 이런 이유에서 유즈 잔담은 다양한 활동프로그램을 운영한다. 심리 지원 업무를 하고 있는 토마스 윔후르는 "성별 불쾌감을 느끼는 청소년은 다른 사람이 자신을 공감해주지 못한다는 외로움에 빠지기 쉽다"며 "아이들이 전문가와 함께 자아를 탐색하면서 트랜스젠더 당사자와도 교류할 수 있도록 프로그램을 구성한다"고 설명했다.

구체적인 언어 표현을 어려워하는 연령의 아이들이 장난감을 이용한 놀이나 노래, 연극을 통해 자신을 표현할 수 있도록 하는 것도 유즈 잔담 프로그램의 특징이다. 6~10세 대상 프로그램에서는 트랜스젠더라는 단어가 아예 언급되지 않기도 한다. 대신 장난감놀이로 내면과 외면이 달라도 괜찮다는 메시지를 전하며 안정감을 심어준다.

유즈 잔담에서 일하는 트랜스젠더 사회복지사, 심리학자, 의사는 아이들에게 선생님이자 롤모델이다. 아이들은 자신과 같은 사람이 세상에 또 있다는 사실을 자연스럽게 인지한다. '남자'나 '여자' 이름표를 달고 새 이름으로 살아보기를 체험할 수도 있다. 매년 두 차례 숙소를 빌려 12~24세 50여 명이 캠핑이나 수영을 하는 프로그램은 특히 만족도가 높다. 이곳에서 트랜스젠더는 소수자가 아니다. 한 달 전 캠핑에 다녀온 한 아이가 콜만에게 말했다. "내가 누구인지, 내 몸은 왜 그런지를 모두에게 일일이 설명할 필요가 없었어요. 그게 너무 행복했어요, 선생님."

한편, 유즈 잔담은 혼란을 겪는 아이에게 양육자가 어떻게 반응하고 대처해나가야 하는지도 조언한다. 사회의 편견과 혐오로부터 아이를 보호하는 것이 양육자의 역할이기 때문이다. 콜만은 "가족의 지지를 받지 못하면 아이들은 '나는 실패작이다. 부모님을 실망시켰다'며 우울해하고 자존감이 낮아질 수 있다"면서 "자라나는 아이들을 위해선 무엇보다 가족의 지원이 중요하다"고 설명했다. 유즈 잔담에서 일하는 심리학자 실커 네이하우스는 "양육자에게 아이의 뜻을 존중하라고 조언한다"며 "아이가 원하는 옷을 입고, 원하는 장난감을 갖고 놀게 하는 것은 실천하기 쉬운 첫걸음"이라고 말했다.

양육자뿐만 아니기 형제사매를 대상으로 하는 상담도 있다. 이들이 때때로 겪을 수 있는 혼란을 인정하고 돌파할 수 있도록 돕기 위해서다. 콜만은 "형제자매를 잃는 게 아니라 새롭게 얻는다는 긍정적인 방향으로 인식을 바꿔야 한다"며 "[트랜스젠더인] 형제자매를 주변에 어떻게 소개하면 좋을지 알려주고, 할머니, 할아버지의 이해도 도와야 한다고 설명한다"고 덧붙였다.

학교에서의 커밍아웃을 원하는 청소년을 돕는 것도 유즈 잔담의 업무다. 함께 학교에 가서 "성정체성의 의미를 설명하고, 앞으로는 이 친구의 성정체성에 맞게 대해달라"하며 소개하는 식이다. 네이하우스는 "모든 따돌림을 막을

네덜란드의 어린이·청소년 트랜스젠더 심리상담소 유즈 잔담의
정신과 의사 알렉스 콜만(왼쪽)과 심리학자 실커 네이하우스(오른쪽).
유즈 잔담은 어린이·청소년 트랜스젠더의 온전한 삶을 위해 체계적인
심리상담을 지원한다.

수는 없어도 트랜스젠더 당사자가 따돌림을 무시하고 자신을 지키겠다는 평정심을 가지도록 도울 수는 있다"고 말했다.

콜만은 "트랜스젠더는 인류의 여러 스펙트럼 중 하나로 질병이 아니"라며 "온전한 자신의 모습으로 살 수 있도록 정신과나 호르몬치료 등을 하는 의사가 조력하는 것일 뿐"이라고 설명했다. 콜만과 네이하우스는 인터뷰 내내 유즈 잔담을 찾는 어린이·청소년 트랜스젠더들을 '환자'라고 표현하지 않았다. 네이하우스는 인터뷰 마지막까지 "강제로 성정체성을 바꾸려는 시도는 어린이·청소년의 정신건강을 피폐하게 만들 뿐"이라고 강조했다.

5

가려진 존재들,

'사회적 합의'는 정말 아직인가

트랜스젠더, 특히 십 대에서 이십 대 초반에 해당하는 청소년 트랜스젠더는 한국사회에서 눈에 잘 띄지 않는다. 취재를 시작했을 때 주변 사람들로부터 가장 많이 들었던 말도 '한국에 정말 존재하느냐'였다. 이 질문의 기저엔 트랜스젠더에 대한 부족한 인식이 깔려 있다. 여전히 많은 사람이 성확정 수술을 거쳐야만 트랜스젠더가 '될 수 있다'고 오해하지만 호르몬치료나 성확정 수술 등 모든 의료적 조치는 개인의 선택일 뿐이다.

반드시 성확정 수술을 하지 않더라도 자신의 성정체성이 타고난 성별과 다르다고 느끼는 사람은 누구나, 나이에 상관없이 트랜스젠더다. 그러나 이를 이해하더라도 의식적으로 노력하지 않는 이상 주위에 존재하는 트랜스젠더를 감지하기란 쉽지 않다. 누군가는 있는 그대로의 자신을 드러낼 수 없는 사회, 그게 우리의 현주소이기 때문이다.

통계 밖의 사람들

해외에서는 종종 언론을 통해 유아 때부터 트랜스젠더로 정체화한 사례들이 알려진다. 최근 세계 최연소 트랜스젠더 모델로 주목을 받은 미국 시카고 출신의 노엘라 맥마허Noella McMaher의 나이는 열두 살이다. 노엘라는 세 살 때 처음으로 자신의 성정체성을 부모에게 알렸다고 한다. 노엘라의 어머니 디 맥마허는 노엘라가 스스로를 '소년'이 아닌 '소녀'로 지칭하는 등 트랜스젠더로서의 정체성을 갖고 있다고 인지했다. 이후 성별 불쾌감을 느끼는 이들에게 의료적 조치를 제공하는 젠더클리닉에 데려갔다. 노엘라의 부모는 둘 다 남성과 여성이라는 성별 이분법에 속하지 않

는 성정체성을 가진 논바이너리였기에 좀더 빠른 인지가
가능했을지도 모른다. 그렇게 노엘라는 여섯 살이 되던 해
법적 성별을 정정했고, 미국 시카고 패션위크를 통해 모델
활동을 시작했다. 해외 언론은 그를 이분법적 성별 구분에
저항하는 세계적인 추세와 현상을 드러내는 상징적 인물
로 보도했다. 당연히 한국에도 노엘라는 존재할 것이다.

　　그러나 한국사회는 미성년뿐 아니라 성인 트랜스젠더
인구가 얼마나 존재하는지도 제대로 알지 못한다. 인구주
택총조사 등 각종 국가 통계·실태조사는 남성 아니면 여성
이라는 법적 성별을 기준으로만 진행된다. 행정안전부가
관리하는 주민등록상 성별정정을 마친 인구통계가 있다.
하지만 주민등록상 성별정정은 통상 성확정 수술을 완료
한 성인들이 진행하는 절차다. 청소년 등 미성년을 포함한
전체 트랜스젠더의 인구규모를 파악하기는 어렵다는 이야
기다. 드물게나마 십 대 때부터 산부인과 또는 가정의학과
에서 호르몬치료를 받는 경우가 있지만 해당 항목은 건강
보험이 적용되지 않는 비급여 진료이다 보니 관련 통계는
없다. 행정안전부에 따르면 2000년부터 2020년까지 법적
성별을 정정한 트랜스젠더 인구는 2633명이다. 앞서 말했

듯 이는 지극히 일부에 불과한 숫자일 것이다. 이처럼 국내 트랜스젠더에 대한 공식 통계가 일원화되어 있지도, 정확하지도 않은 탓에 취재팀은 어렴풋이라도 관련 인구통계를 파악할 수 있는 기관은 일단 전부 문을 두드렸다.

우선 보건의료빅데이터개방시스템https://opendata.hira.or.kr의 '성 주체성 장애'(F64) 질병코드 지표를 확인해보았다. 2020년 한 해 동안 성별 불쾌감으로 병원을 찾은 24세 이하(진료 시점 기준) 사람들은 823명인 것으로 집계된다. 그중 키언그느 법적 성별이 여성인 9세 아동이었다. 823명 중 673명은 법적 성별이 남성인 청소년으로, 법적 성별이 여성인 청소년(150명)에 비해 4배 이상 많았다. 연령에 관계없이 '성 주체성 장애' 진단을 받은 트랜스젠더는 총 1707명이었다. 법적 성별이 남성인 이들이 더 많은 데 대해 장창현 살림의원 정신건강의학과 전문의는 "해외에서도 비슷한 경향이 나타나고 있다"면서 "스페인의 경우 2000년대에는 법적 성별이 남성인 트랜스 여성이 많았지만 2020년대 들어 법적 성별이 여성인 트랜스 남성 비율이 증가했다는 연구가 있다"고 설명했다.

전문가들은 성별 불쾌감으로 병원을 찾는 이들이 통

계 수치를 자신의 성정체성에 맞는 성별로 살아가기 위한 의료적 조치를 시작하는 첫 단계에서 병원을 방문하는 인구로 해석한다. 윤정원 국립중앙의료원 산부인과 전문의는 "자가 호르몬치료를 하거나, 성별 불쾌감을 겪으면서도 정신과 진단을 받지 않은 트랜스젠더 인구는 이보다 훨씬 많을 것"이라고 말했다. 실제로 미성년자 대부분은 부모의 동의를 받지 못하거나 경제적 부담, 건강에 끼칠 영향 등을 우려해 호르몬치료를 시도조차 하지 못하는 경우가 많다.

병무청에서는 남성으로 성별을 정정한 뒤 전시근로역 처분을 받은 인원이 2020년 기준 54명이라는 사실을 확인할 수 있었다. 2009년 12월 말 처음으로 관련 규정이 신설된 이후인 2010년부터 따지면 2020년까지 11년간 총 382명으로 집계된다. 여성으로 성별정정을 한 경우에는 병역 대상이 아니기 때문에 관련 통계를 찾을 수 없었다.

한국보건사회연구원에서 발행하는 《보건사회연구》 제35권 제4호에 실린 〈한국 트랜스젠더 의료접근성에 대한 시론〉(이호림·이혜민·윤정원·박주영·김승섭, 2015)에서 연구팀은 국내 트랜스젠더 인구를 5만 명에서 25만 명 사이로 추측했다. 의료통계에 따르면 최근 5년간 정신건강의학과에서 성전환증(F64.0) 진단을 받은 트랜스젠더의 수는 6000명 수준이다.

국가인권위원회는 2022년 3월, 정부 정책 수립의 기초자료가 되는 각종 통계·실태조사에 트랜스젠더 등 성소수자를 포함할 것을 권고했다. 통계청, 행정안전부, 보건복지부, 여성가족부 등 중앙행정기관이 실시하는 국가승인 통계조사와 실태조사에서 트랜스젠더 등 성소수자를 인식하여 이를 정책 수립 등에 반영하도록 권고한 것이다. 2021년 여대에 입학한 트랜스젠더의 입학 포기 사건, 강제 전역 후 극단적 선택을 한 고 변희수 하사 등의 사례가 이어진 가운데 트랜스젠더에 대한 국가 차원의 차별과 혐오를 바로잡기 위한 '첫걸음'이었지만 관계부처는 모두 이러한 권고를 수용하지 않았다.

취재팀은 한 가지 실험을 해봤다. 2021년 리서치 회사 엠브레인을 통해 나이, 성별 등을 균등 할당해 추출한 국민 1000명을 대상으로 성별 고정관념과 트랜스젠더를 비롯한 성소수자에 대한 인식을 조사하는 설문조사를 진행하면서 응답자가 자신의 '지정 성별'과 '성정체성'을 구분해서 답하도록 설문지를 설계했다. 출생 시 부여받은 성별인 지정 성별과 성정체성이 다른 응답자가 얼마나 있을지 알아보고자 한 것이었다. 이를 통해 대략이나마 트랜스젠더 인구비율을 가늠해볼 수 있지 않을까 기대했다.

조사 결과, 지정 성별에 대한 답변은 여성이 48.4%, 남성이 51.6%로 나타났지만, 성정체성을 여성이라고 답한 응답자는 47.6%, 성정체성을 남성이라고 답한 응답자는 51.3%로 나타났다. 지정 성별이 여성인 이들 중 96.9%는 성정체성을 여성으로 답했지만 1.4%는 남성으로, 1.7%는 남성도 여성도 아닌 논바이너리라고 답했다. 지정 성별이 남성인 이들 또한 98.1%는 성정체성도 남성이라고 답했으나 1.4%는 여성, 0.6%는 논바이너리라고 답했다. 종합하면 전체 응답자 중 1.1%는 남성도 여성도 아닌 논바이너리였으며 여성 또는 남성으로 정체화하는 바이너리 트랜스젠더는 1.4%였다. 설문조사에 참여한 1000명 중 약 25명이 지정 성별과 성정체성이 다르다고 답한 것이다.

물론 이 설문은 1000명을 대상으로 진행한 것으로, 표본 수가 많지 않기에 섣불리 전체 인구의 2~3%가 트랜스젠더일 것이라고 단정 짓기는 어렵다. 하지만 이러한 결과를 참고하여 앞으로 통계청 인구주택총조사, 보건복지부

국민보건의료실태조사, 여성가족부 가족실태조사와 같은 각종 조사에서 지정 성별과 별개로 성정체성을 질문한다면 어떤 결과가 나타날지 짐작해볼 수는 있다. 해외에서도 트랜스젠더 인구를 전체 인구의 2~3%로 추산하는 경우가 적지 않다. 정부 정책의 기초자료가 되는 여러 조사에서 트랜스젠더의 존재를 파악하는 일부터가 시급하다.

여성도 남성도 아닌 '제3의 성'

'제3의 성', 여성과 남성으로 나뉘는 성별 이분법적 구분을 벗어난 논바이너리를 인정하는 흐름은 세계적인 추세다. 우리가 만난 몇몇 청소년 트랜스젠더도 자신을 논바이너리이면서 트랜스 여성 또는 트랜스 남성이라고 설명했다. 남성과 여성 중 전적으로 한쪽은 아니지만 상대적으로 가깝다고 느끼는 성별이 있고, 이를 논바이너리 트랜스 남성, 논바이너리 트랜스 여성과 같이 표현하는 것이다. 영화 〈인셉션〉 〈엑스맨〉 등으로 알려진 캐나다 출신 할리우드 배우 엘리엇 페이지Elliot Page는 2020년 트랜스 남성으로 커밍아웃한 데 이어 지금은 논바이너리로 자신을 설명하고 있다. 영국의 팝 가수 샘 스미스Sam Smith나 일본의 가수 우타다 히카루 등 최근 몇 년 사이 유명인들의 논바이너리 커밍아웃이 잇따르면서 논바이너리에 대한 인식도 널리 확산되었다. 미국의 사회단체 트랜스젠더평등센터National Center for Transgender Equality, NCTE의 조사에 따르면, 트랜스젠더 가운데 3분의 1가량이 스스로를 논바이너리로 인식하는 것으로 나타난다.

이러한 추세를 반영하려는 해외 정부기관들도 늘고 있다. 뉴질랜드, 독일, 호주, 캐나다 등은 논바이너리를 법적으로 인정하고 있고, 미국 또한 2022년 4월부터 여권에 표기되는 성별에 남성(M)/여성(W)과 함께 논바이너리를 포함하는 '제3의 성'(X)을 선택할 수 있도록 했다. 미국 수도인 워싱턴D.C를 비롯한 여덟 개 주에서는 법적으로 성중립을 인정한다. 비영리 연구기관 퓨리서치센터Pew Research Center는 Z세대(1990년대 중반에서 2000년대 초반에 걸쳐 출생한 세대)의 약 3분의 1, 밀레니얼세대(1980년대 중반에서 1990년대 초반에 걸쳐 출생한 세대)의 절반 정도가 성중립 인칭대명사를 알고 있다는 조사 결과를 내놓기도 했다.

칠레, 아르헨티나, 콜롬비아 등 중남미 국가들에서도 공식 문서에서의 논바이너리 성별 표기를 인정하는 사례가 속속 등장하고 있다. 칠레에 사는 셰인 시엔푸에고스Shane Cienfuegos는 2022년 칠레 정부 역사상 처음으로 논바이너리 신분증을 발급받았다. 이는 칠레 정부가 최초로 논바이너리를 공식 인정하고 발급한 문서로, 시엔푸에고스가 당국에 성별정정을 요청한 지 9년 만에 받아들여진 것이었다. 그는 논바이너리 신분증 발급을 신청했다가 거부당한 뒤 소송을 제기했고, 1심에서 패소했지만 항소심에서 승소했다. 2심 법원은 "생물학적 성보다 당사자가 느끼는 성을 존중해야 한다"고 판결했다. 그의 신분증 성별란에는 'X'가 적혔다. 첫 논바이너리 신분증이 발급되기는 했지만 시엔푸에고스가 앞으로 살아가야 할 삶은 투쟁의 연속이 될 거라는 전망이 나온다. 논바이너리 신분증이 처음인 만큼 각종 행정시스템이 이에 맞춰 개편되어야 하는 절차가 남아 있기 때문이다.

아르헨티나는 중남미에서 논바이너리를 제도적으로 인정하며 소송 등의 절차 없이도 단순 신청만으로 X 신분증을 내주는 유일한 국가다. 중남미 대륙에서 최초로 동성

결혼을 법제화하기도 한 아르헨티나는 2021년 7월부터 논바이너리를 인정하는 새로운 행정시스템을 운영하고 있다. 원한다면 누구나 성별이 X로 표기된 논바이너리 신분증을 발급받을 수 있다.

　국내 청소년 트랜스젠더 중 스스로를 남자도 여자도 아닌 논바이너리로 인식하는 이들은 얼마나 될까? 15~24세 청소년 트랜스젠더 224명을 대상으로 진행한 취재팀의 설문조사에 따르면, 전체 응답자의 50.9%가 자신의 성정체성을 '남성과 여성 어느 쪽으로도 정체화하지 않는다'(논바이너리)고 답했다. 다시 말해, 설문에 참여한 224명의 청소년 트랜스젠더 중 절반 이상이 성별 이분법 바깥에서 자신을 인식하는 것이다.

　연령별로 좀더 세분화해보면 19~24세의 논바이너리 응답률은 52.2%로 15~18세 응답자(47.8%)보다 4.4% 많게 나타났다. 지역별 차이도 눈에 띈다. 거주지역이 서울인 이들의 논바이너리 응답률은 64.9%로 가장 많았고, 뒤를 이어 인천과 경기도가 51.9%로 나타났다. 부산·울산·경남에서는 33.3%로, 서울·경기·인천에 비하면 상대적으로 낮게 나타났다. 그 외 제주 등의 지역은 이 조사에서의 응답률을 지역별 특징으로 해석하기엔 표본이 너무 적었다.

트랜스젠더는 언제 처음 병원을 찾을까

"미국은 4세 아이도 병원에 옵니다. 부모한테 '전 소년·소녀가 되고 싶어요'라고 직접 말해요." 한국의 1호 대학병원 젠더클리닉을 운영 중인 이은실 순천향대학교 서울병원 산부인과 교수는 2016년 UCSF 베니오프소아병원으로 연수를 다녀왔다. 이 병원은 성별 불쾌감을 느끼는 만 18세 미만 소아·청소년을 대상으로 진료를 보는 곳이다. 한국에 돌아온 이 교수는 현지에서의 진료 경험을 바탕으로 대학병원에서 처음으로 젠더클리닉을 열고 국내 트랜스젠더 의료 수준을 끌어올리기 위해 애쓰고 있다.

트랜스젠더 의료는 당사자들의 생존과 직결된 중요한 문제이지만, 트랜스젠더에 대한 혐오와 차별이 여전한 한국에서는 2021년에야 서울대학교 의과대학에 처음으로 '성소수자 건강권과 의료' 수업이 개설됐다. "대부분의 트랜스젠더가 사춘기에 성정체성을 자각하게 된다"는 이 교수의 설명을 참고하면, 많은 트랜스젠더가 학교와 사회로부터 보호받아야 할 청소년기에 존재 자체를 부정당하는 상황에 부딪힐 거라는 걸 어렵지 않게 짐작할 수 있다. 이 교수의 설명에 따르면 젠더클리닉을 찾는 이들의 연령은 빨라야 14세 정도다. "청소년들도 물론 그전부터 불편하다는 생각을 하지만 그게 뭔지 잘 모르다가 인터넷으로 찾아보면서 알게 되는 거죠."

트랜스젠더들에게 호르몬치료로 이름이 알려진 살림의료복지사회적협동조합 살림의원의 장창현 정신과 전문의는 성별 불쾌감으로 병원을 찾는 환자를 하루 평균 1~2명은 만난다. "이십 대 초반이나 부모님 동의를 얻은 십 대 후반 고등학생들이죠. 진료한 분들 중 가장 나이가 어렸던 분은 중2 트랜스 여성이었습니다. 어머니가 커밍아웃한 자녀와 함께 병원을 수소문해서 찾아오셨는데, 마음이 열려 있는 상태라도 처음에는 충격을 받으시는 것 같아요."

외국에서는 청소년 성소수자에게 사춘기 이전 호르몬 억제제를 통해 2차성징을 늦춰 성확정을 돕는 치료가 이뤄지지만 국내에서는 기다림의 시간이 긴 편이다. 사춘기를 막는 호르몬 억제제가 널리 알려져 있거나 사용되지 않기 때문이다. 곧바로 호르몬치료에 들어가기 전, 시간을 두고 지켜보는 과정을 거칠 때 청소년들이 주로 방문하는 곳이 정신건강의학과다. "일단 어떤 연유에서, 언제부터 자신의 성정체성을 생각하게 됐는지, 사춘기 시기 나타나는 변화에 대해 어떻게 느끼는지, 자신의 지정 성별로 볼 때 동성이거나 이성인 또래 집단과는 어떻게 소통하는지 그런 내용을 먼저 물어봅니다." 병원 방문이 처음이라면 심리검사도 하게 된다. 이는 다른 정신질환이 동반되지는 않는지, 현실감각에 문제는 없는지, 지적인 능력은 어느 정도 발현되는지 등을 보기 위해서다.

국내에서 유소년기에 자신을 트랜스젠더라고 인식하는 이들은 그러한 성정체성을 어떻게 받아들이거나 표현해야 할지 모르거나, 도움을 요청할 만한 곳이 없어 스스로 인지하기조차 어려운 경우가 많다. 취재팀이 만난 트랜스 남성 주형씨의 경우에도 중학교 시절에는 자신을 레즈비언으로 인식했다가 3~4년이 흐른 뒤 트랜스 남성이라는 사실을 알게 됐다. "동성 친구를 좋아하니까 나는 레즈비언인가 보다 했던 것 같아요. 트랜스 여성에 대해서는 하리수씨를 통해 알고 있었지만, 트랜스 남성이라는 존재가 있을 수 있다는 생각은 아예 못해본 거죠. 어디에도 정보가 없으니까요. 그렇게 쭉 살다가 고등학생이 되었는데, 이때부터 [레즈비언이] 아니라는 생각이 들기 시작했죠. 단순히 동성에 끌리는 게 아니라 태어날 때 성별에 맞춰 지은 이름으로 불릴 때마다 괴로웠어요. 얼른 대학에 가서 사람들에게 남자로 인식되길 바랐죠."

주로 트랜스 여성을 조명하는 한국의 미디어 환경도 청소년 트랜스젠더의 정체화 시기에 영향을 끼친다. 트랜스 남성으로 정체화한 중학교 3학년 여름방학을 회상하던 도윤씨는 "그때까진 저도 세상 사람들처럼 트랜스 여성만 트랜스젠더인 줄 알았어요"라며 웃었다. 스마트폰이 대중화되면서 유튜브 등을 통해 공중파 방송에서 다뤄지지 않는 주제도 누구나 쉽게 접할 수 있게 됐다. 당시 도윤씨는 의학다큐멘터리를 즐겨 봤다. "MTF^{male to female} 수술 장면이 나와서 신기하다고 생각했는데 연관 동영상으로 FTM^{female to male}도 떴어요. 신선한 충격이었어요." 그때부터 관련 온라인 커뮤니티를 찾기 시작했다. "당시에는 논바이너리까진 잘 몰랐는데, 일단 바이너리 트랜스 남성이 제가 어렸을 때 했던 경험이랑 비슷하더라고요. '나도 그런 걸까?' 하는 생각이 들어서, 머리를 짧게 잘랐죠."

영화나 드라마 같은 미디어에서는 흔히 트랜스젠더가 정체화하는 과정을 어린 시절부터 특정 옷을 입기 좋아하거나 싫어하는 모습 등으로 자주 묘사한다. 비슷한 맥락에서 어떤 종류의 놀이나 장난감을 좋아했는지도 언급되곤 한다. 예컨대 프랑스 다큐멘터리 영화 〈리틀 걸〉은 학교에서도 여자아이로 지내고 싶어 하지만 무용 시간에 왕자 역할만 하라는 지시를 받고 슬퍼하는 일곱 살 샤샤의 이야기를 담고 있다. 사회가 흔히 트랜스젠더에게 예상하거나 기대하는 서사다. 이러한 미디어 속 트랜스젠더의 재현은 또 다른 편견을 만들어내기도 한다. 많은 트랜스젠더가 법원에 성별정정을 신청하면서 자신의 인생을 서술할 때 이런 지점을 일부러 부각하는 것도 그 때문이다.

그러나 트랜스젠더가 자신의 정체화 과정을 단 하나의 시점이나 사건으로 설명하기는 어렵다. 태어날 때 부여받은 성별과 스스로 인식하는 성별이 다른 데서 오는 이질감이나 불쾌감이라는 사실을 깨닫지 못한 채 오랫동안 혼란을 겪거나 괴로워하는 경우도 많다. 또한 성별에 따른 개인의 외적인 모습에 대한 고정관념이 점점 더 사라지고 있는 시대에 특정 옷을 선호하거나 싫어했다는 기억을 끄집어내는 식으로 정체화 과정을 설명하기란 더욱 불가능에 가깝다. 취재팀이 엠브레인에 의뢰해 시민 1000명을 대상으로 성별 고정관념에 대한 인식을 조사했을 때도 '신체나 의복 같은 외적인 모습과 개인의 성별은 일치한다'는 명제에 동의한 응답자는 전체의 40.9%로 과반도 넘지 않았다. 응답자의 28.7%는 '아니다'라고 했고, 28.6%는 '그럴 수도 있고 아닐 수도 있다'고 했다. 즉, 과반 이상이 외적인 모습은 성별과 일치하지 않을 수 있다고 답한 셈이다. 트랜스젠더의 정체화 과정 또한 특정한 한 가지 경향으로 수렴되지 않는다. 모두의 기준과 경험은 다르기 때문이다.

이는 희원씨의 이야기를 통해서도 엿볼 수 있다. 자신을 "논바이너리 트랜스 남성 페미니스트"라고 소개하는 희원씨의 이야기 속에 '치마를 입기 싫었다'는 식의 말들은 거의 없었다. 학창 시절 '남자 교복'을 골랐다는 이야기를 하면서도 그랬다. 바지 교복이 재질도 좋고 편했다는 실용적 측면을 언급할 뿐이었다. "치마는 아무래도 불편하죠"라는 취재팀의 말에 고개를 끄덕였지만 희원씨에게 치마는 여성과 남성을 구분하는 결정적 요인은 아니었다.

치열하게 고민하는 청소년들

앞선 세대의 성별 고정관념에 진절머리를 치거나, 다음 세대의 문화를 따라잡기 힘들다고 생각한 적이 한 번쯤은 있지 않은가? 성정체성 역시 마찬가지다. 세대마다 성정체성에 대한 생각은 달라질 수밖에 없다. 성정체성 혼란을 겪는 이들에게 의료적 트랜지션이 효과적이라는 데 의료계가 합의한 것도 불과 수십 년 전의 일이다. 외국에서는 1950~1970년대 들어 외과적 수술이 필요한 이들이 수술을 할 수 있게 됐다. 한국은 2001년 하리수씨가 데뷔하면서 '트랜스젠더'라는 단어가 비로소 대중에 알려졌다. 한국에서 의료적 트랜지션을 할 수 있거나 트랜스젠더에 친화적인 병원은 손에 꼽을 정도로 적다. 이승현 비온뒤무지개재단 이사장은 "트랜스젠더라는 단어를 중고등학교 시절부터 알고 지낸 세대와 그 이후에 알게 된 세대의 삶의 방식이나 경험은 크게 다르다"면서 "2000년대 중반만 해도 사오십 대로부터 '이제야 내가 누군지 알았다. 그동안 내가 미친 줄, 내가 괴물인 줄 알았다'는 전화를 받곤 했다"고 말했다.

청소년 트랜스젠더는 점점 더 다양한 얼굴로 나타나고 있다. 여성, 남성, 논바이너리를 넘어 더욱 세분화된 성 정체성으로 스스로를 정체화하는 것도 비슷한 맥락에서 해석할 수 있다. 이들에게 성별은 더 이상 여성과 남성이라는 단 두 개의 점이 아니라 일종의 스펙트럼이다. 오늘날의 청소년들은 이전 세대보다 훨씬 더 어린 나이에 트랜스젠더라는 존재와 이들의 삶을 언어화하는 개념들을 알게 되고, 자신을 더 정확하게 표현할 수 있는 언어를 찾기 위해 치열하게 고민한다.

의료계에서는 2차성징이 나타나는 사춘기를 주목한다. 이때는 타고난 성과 스스로 인지하는 성이 다른 데서 느끼는 불쾌감이 급격히 커지는 시기이기 때문이다. 보통은 '사춘기(성호르몬) 억제제'를 투여해 신체 변화가 나타나지 않도록 하고, 2~3년 경과를 두고 본다. 충분한 시간을 둔 이후에도 환자가 스스로를 트랜스젠더라고 인식하면 만 16세부터 호르몬치료에 들어간다. 이 교수는 "호르몬치료 시작 연령을 낮추자는 논의도 있지만 아직 승인은 안 된 상황"이라며 "UCSF와 하버드 등 다섯 개 대학병원에서 성호르몬 억제제 투여가 청소년의 심리적 변화에 긍정적인

지 혹은 부정적인지 연구 중"이라고 말했다.

　　대부분의 청소년 트랜스젠더는 변화하는 몸을 두려워하며 조급함을 느낀다. "호르몬치료는 단계별로 용량을 높여나가야 하는데, 처음부터 조급하게 성인용을 빨리 써달라고 하는 경우가 있어요. [청소년들은] 자녀가 신체와 반대되는 성을 하는 것까진 용납을 못하지만 사춘기 신체 발달을 억제하는 데는 동의한 부모님들과 함께 오죠. 사춘기 억제제 투여에도 부모 동의가 필요하니까요." 이 교수는 청소년 트랜스젠더들이 법적 성별정정에 대해 느끼는 불안과 어려움에 대해서도 의견을 보탰다. "미국에서 진료했던 청소년 중에는 치료사 상담과 호르몬치료를 어느 정도 받고 법원 판사 앞에서 몇 가지 질의응답 과정을 거친 뒤 성별정정을 하고는 마음고생을 했던 것에 비해 [성별정정 과정이] 간단해 울기도 하는 사례가 있었다"고 전했다. 일각에서는 이처럼 손쉬운 성별정정 과정이 성범죄에 악용될 것이란 우려도 나오지만 이 교수는 "악용하는 경우 엄벌하고, 그걸 [악용을] 막기 위해 노력해야 하는 것"이라며 분명히 선을 그었다.

차별금지법과 '사회적 합의'

"차별하지 말라. 차별금지법(평등법)을 당장 제정하라." 단순 명료한 요구가 나올 때마다 자동응답기처럼 반복되는 답변이 있다. "사회적 합의가 먼저다." 국민의 기본권 보장이라는 당연한 의무 앞에 어째서 다수결로 정하자는 식의 논리가 튀어나오는지 알 수 없는 노릇이다. 다만 확실한 것은 '사회적 합의'라는 말이 소수의 극단적 혐오와 차별을 옹호하고 포장하는 핑계로 쓰이고 있다는 사실이다. 백번 양보해 '사회적 합의'가 필요하다고 하자. 그 합의는 정말 아직일까? 취재팀은 정치권이 무책임하게 외면해온 '사회적 합의'를 들여다봤다.

"한국어로 세상에서 가장 중요한 것이 무엇입니까. 그건 사람, 사람, 사람입니다." 2022년 결혼 28주년을 맞이한 필립 터너Philip Turner 주한 뉴질랜드 대사는 국내 방송사 MBC와 진행한 차별금지법 관련 인터뷰에서 마오리족 속담을 응용해 이렇게 답했다. 터너 대사의 배우자 이케다 히로시는 동성 배우자로서는 처음으로 주한 외교관의 '동반 가족'으로 분류돼 비자를 발급받기도 했다. 터너 대사는 뉴질랜드에서도 1993년 차별금지법 제정을 앞두고 사회적 혼란이 야기될 것이란 우려가 컸지만 법 제정 후 그것이 기우에 불과했다는 걸 많은 사람이 깨달았다고 말했다.

그렇다. 그의 말처럼 차별금지법은 '사람'을 위한 법이다. 포괄적 차별금지법은 소수자가 겪을 수 있는 혐오와 차별로부터 안전한 보호막을 마련하는 데 의의가 있다. 법 제정 논의가 있을 때마다 처벌에 대한 우려가 나오지만, 법자체는 칠지는 사람을 보호하는 거이지 처벌이 아니다. 차별금지법은 헌법상 누구나 평등하다는 기본권을 보장하기 위한 법이다. 성별, 장애, 인종, 출신 국가, 피부색, 종교, 사상, 사회적 신분 등을 이유로 생활의 모든 영역에서 차별을 금지하는 내용을 담고 있다. 미국, 캐나다 등 영미권 국가 대부분은 20세기 후반에 차별금지법과 유사한 법안을 마련했다.

많은 이가 이 법이 제정되면 소수자의 인권 향상은 물론, 한국사회가 좀더 평등한 사회로 나아가는 데 밑거름으로 작용할 것이라는 기대를 품는다. 차별을 막겠다는 강한 사회적 의지를 법으로써 다시금 선언하는 것이기 때문이다. 차별금지법이 제정된다면 청소년 트랜스젠더 또한 학교나 병원, 일터 등 곳곳에서 겪는 차별에 대해 개개인의 선의에 기대거나 개인적으로 싸워야 하는 부당함에서 조금이나마 벗어날 수 있을 것이다.

차별금지법 제정은 이미 많은 시민이 바라는 미래다. 서울신문이 2021년 차별금지법에 대한 국민 인식을 알아보기 위해 엠브레인에 의뢰해 국민 1000명을 대상으로 진행한 조사에 따르면, 전체 응답자 중 57.6%는 차별금지법이 통과돼야 한다고 답했다. 해당 설문조사는 성별(지정 성별)이나 연령 비중을 균등하게 맞춰 무작위로 대상자를 선정하는 방식으로 진행됐다. 지정 성별이 여성인 응답자는 48.4%, 남성은 51.6%였다. 연령별 분포는 19~29세 23.6%, 30~39세 21.8%, 40~49세 26.6%, 50~59세 28%였다. 응답자 중 기혼자는 58.1%, 비혼자는 41.9%였다. 이러한 응답자들을 대상으로 트랜스젠더 등 성소수자와 장애인, 북한이탈주민, 여성 등을 포함한 소수자에 대한 차별을 금지하는 법안에 대한 의견을 물었을 때, '통과돼선 안 된다'는 의견을 명확히 표시한 사람들은 19.8%에 그쳤다. '아직 잘 모르겠다'며 응답을 보류한 사람은 22.6%였다.

특히 트랜스젠더에 대한 차별 금지에는 전체 응답자

의 62%가 동의했다. 국민 10명 중 7명(69.5%)은 청소년 트랜스젠더가 학교에서 성정체성 때문에 차별받아서는 안 된다고 했다. 학교가 이들에게 적절한 지원과 상담을 제공해야 한다는 데도 81.4%가 동의를 표했다. 성별에 상관없이 원하는 교복을 입을 수 있어야 한다고 생각하는 비율도 62.9%로 절반 이상이었다. 이는 모두 차별금지법이 제정된다면 더 빠르게 현실화될 수 있는 바람들이다.

한국사회가 트랜스젠더를 차별하고 있는 현실에 대해서도 많은 이가 문제의식을 갖고 있는 것으로 나타났다. 사회적으로 트랜스젠더에 대한 고정관념이나 편견이 존재한다는 데 응답자의 84.4%가 공감했다. 트랜스젠더가 한국사회에서 차별받고 있다고 생각하느냐는 질문에 74.2%가 '그렇다'고 답했다. 나아가 트랜스젠더라는 이유로 직장에서 해고되거나 채용이 거부되는 것이 부당하다고 생각한다는 응답도 66.9%로 나타났다. 한국사회가 트랜스젠더를 사회 구성원으로 인정해야 하며(66.5%) 그들에 대한 차별을 금지해야 한다(62.0%)는 데도 상당수 응답자들이 공감을 표했다.

사람들의 의식은 진작에 '합의'를 마친 것으로 보인다.

문제는 '사회적 합의'가 아니라 정치권이다. 노무현 정부 말기인 2007년 처음으로 입법이 추진된 차별금지법은 2023년에 이르러서도 발의와 폐기를 반복하며 국회의 문턱을 넘지 못하고 있다. 2022년 12월, 논의를 위해 법제사법위원회 법안심사1소위원회에서 토론회가 제안됐으나 여당인 국민의힘의 반발로 법제사법위원회에 정식으로 상정되지 못했다. 민주주의는 토론을 통해 의견을 형성해가는 과정인데, 여당이 토론조차 거부한 것을 두고 차별금지법제정연대는 규탄의 목소리를 냈다.

21대 국회에서 관련 법안은 총 4건이 발의됐다. 2020년 6월, 장혜영 정의당 의원이 '차별금지법안'을 대표 발의했다. 이어 2021년 6월과 8월 이상민 더불어민주당 의원과 같은 당 박주민 의원이 각각 '평등에 관한 법률안'을 대표 발의했다. 2021년 8월, 권인숙 더불어민주당 의원도 '평등 및 차별금지에 관한 법률'을 대표 발의했다. 차별금지법은 국민청원 10만 명의 동의를 얻으며 법제사법위원회에 상정됐지만 위원회는 심사 기간을 21대 국회 임기 종료일인 2024년 5월 29일까지로 연장했다. 문재인 전 대통령은 2012년 대선 당시 후보로서 차별금지법 제정을 공약했지만 2017년 대선에서는 이를 공약으로 내걸지 않았다.

서울신문은 2021년 이 책의 바탕이 되는 기획연재 〈벼랑 끝 홀로 선 그들, 청소년 트랜스젠더 보고서〉 보도에 앞서 윤석열 대통령을 비롯한 당시 주요 대선후보 4명에게 성적 지향과 성정체성을 차별 금지 사유에 명시한 차별금지법 제정에 동의하는지 물은 바 있다. 윤 대통령 측은 당시 "최종 검토가 안 되고 있다"는 등의 이유로 끝내 질의에 답변하지 않았고, 이후 열린 관훈토론회에서는 "논란의 여지가 많아 더 검토해봐야 한다"며 유보적인 입장을 내비쳤다. 그러면서 "차별금지법은 헌법에서 보장하는 자유와 평등을 어떻게 조화해야 하느냐에 관한 문제라 평등만 강조해서는 안 된다"라며, 미국 사례를 들어 "선진국조차 포괄적이고 일관된 기준으로 차별 금지를 사회 전체적으로 강조하지는 않는다"라고 답했다.

그러나 이는 사실과 다르다. 1964년 제정된 미국의 민권법은 제7편에서 인종, 피부색, 종교, 성별, 출신 국가까지 총 다섯 가지를 차별 금지 사유로 제시해 세계 최초의 차별금지법으로 불린다. 이후 미국은 '고용상 연령차별금지법'(1967년), '미국장애인차별금지법'(1990년)도 별도로 제정했다. 영국은 2010년 평등법을 제정했다. 한국에서 논의 중인 차별금지법은 성별, 장애, 인종, 나이, 학력, 고용형태 등 스물세 가지를 차별 금지 항목으로 명시한다. 이에 대해 차별 금지 항목이 지나치게 많다는 주장도 있다. 하지만 차별금지법이 있는 35개국도 성별, 장애, 인종은 물론이고 노조 가입 여부, 국방의무, 소득 등 스무 가지 안팎의 구체적인 사유를 차별 금지 항목으로 정하고 있다.

차별금지법은 합리적 이유가 있는 차등적 대우인지, 불합리한 차별인지를 다루기 위한 기반이 되는 법이다. 지금은 무엇이 합리적이고 합리적이지 않은지를 다툴 수 있는 법적 기반이 없다. 이에 너무나 손쉽게 불합리한 이유가 합리적 이유로 주장된다. 부당한 차별을 막아야 모두의 권리와 자유를 보호할 수 있다. 전 세계 차별금지법이 공유하는 정신이다.

차별금지법 제정은
"나로서 살게끔 하는 언어를 만드는 것"

정치권이 '사회적 합의'를 명분삼아 차별금지법 제정 논의를 미루는 사이 많은 이가 스러져갔다. 이종걸 차별금지법제정연대 공동대표이자 한국게이인권운동단체 친구사이 사무국장은 2022년 4월 11일부터 미류 인권운동사랑방 상임활동가와 함께 차별금지법 제정을 촉구하는 단식농성을 벌이다 39일 만에 병원으로 이송되기도 했다. 취재팀은 차별금지법 제정을 위해 오랜 기간 현장에서 활동해온 이들의 이야기를 듣기 위해 그를 만났다. 차별금지법 제정이 정확히 어떤 의미를 지니는지, 법을 둘러싼 오해와 진실은 무엇인지 물었다. 이 대표는 차별금지법 제정의 의미에 대해 "[소수자들이] 자기답게 살 수 있는 언어, 나답게 살고 싶은, 나로서 살게끔 하는 언어를 만드는 것"이라고 설명했다.

청소년 트랜스젠더가 처한 현실로 미뤄볼 때 차별금지법은 이들의 숨통을 트여줄 최소한의 안전망이 될 수 있나. 혐오와 차별이 공공연하게 벌어지는 환경에서 청소년들이 흔들리지 않고 학업을 이어나가기는 쉽지 않다. 청소년기 다른 사람들에게 존재를 부정당한 경험은 평생에 걸쳐 강한 트라우마로 남아 삶을 제약하기도 한다. 이 대표는 묵묵부답인 정치권을 향해 "모든 사람이 가져야 할 인격권을 생각한다면 정치권이 침묵해선 안 된다"고 힘주어 말했다. "특히 법조인 출신이라면 보수 기독교계의 주장이 얼마나 반헌법적인지 알 거예요. 보수 개신교에서 퍼뜨린 성소수자에 대한 가짜뉴스는 우리 사회에 차별과 혐오를 퍼뜨렸습니다. 정치인들은 이에 대해 단호히 대처하지 못하고 선거철마다 눈치를 살폈죠. 그러는 사이 실질적인 피해는 국민에게 돌아왔습니다."

법 제정 논의가 지지부진한 사이 평등은 계속 유예되었다. "지금의 야당[더불어민주당]은 여당 시절인 지난 정권 때도 상대편[국민의힘] 눈치만 봤습니다. 2016년 촛불이 그들에게 권력을 준 건 다양한 사람들의 권리를 존중하고 평등의 가치를 높이자는 뜻이었는데 말이죠." 앞서 이 대표는 2021년 국가인권위원회 설립 20주년 행사에 참석한 문 전 대통령을 향해 "성소수자에게 사과하라"고 요구한 바 있다. "문재인 정부에서 성소수자 정책은 오히려 퇴행했습니다. 차별금지법을 제정하려면 사회적 합의가 필요하다는 말도 이 정부에서 처음 나왔죠. 유엔인권위원회가 법 제정을 촉구하니까 사회적 합의를 내세워 책임을 미룬 겁니다."

사실 차별금지법이 도입된다고 해서 차별이 곧바로 사라질 리는 없다. 관련 활동가들은 물론이고 트랜스젠더를 비롯한 다양한 소수자들 또한 그러한 극적인 변화를 기대하지는 않는다. 다만, 법이 마련된다면 차별이 발생했을 때 그에 대한 시정을 요구할 수 있는 법적 근거와 권리가 생긴다. 차별금지법을 '최소한의 안전망'이라고 말하는 이유도 그 때문이다. 법조차 없는 지금은 피해를 호소하고 도움을 요청할 수 있는 근거가 어디에도 없다.

이 대표는 많은 성소수자가 차별을 경험하고 있지만 주위에 말하거나 도움을 요청한 경험이 있는 사람은 매우 적다는 점을 강조했다. 실제 성소수자인권단체 다움이 2022년 5월 공개한 '청년 성소수자 사회적 욕구 및 실태조사' 보고서에 따르면, 응답자의 33.6%는 최근 1년간 성소수자라는 이유로 차별을 받은 것으로 나타난다. 특히 트랜스젠더 중 차별을 경험한 비율은 69.6%에 이르렀다. 그러나 이들이 차별 경험을 고발하거나 신고했다는 응답은 4%

에 그쳤다. 차별을 드러내지 못하는 주된 이유는 피해 경험을 호소하는 순간 성정체성이 드러나기 때문이었다. 문제를 제기하는 것조차 더 큰 차별과 혐오를 겪을 각오가 있어야 가능한 것이다. 이 대표는 "차별을 당했다고 말할 수 있는 것부터가 평등의 시작"이라며 "무엇이 차별인지가 드러나야 관련 제도가 바뀔 수 있을 것"이라고 강조했다.

혐오에 앞장서는 보수 개신교

"차별금지법 제정에 분위기를 띄우는 데는 동성애에 대한 다른 의견을 가진 양심적인 사람들을 역차별하고, 인신 구속과 이행강제금을 물리며, 반인권주의자로 낙인찍으려는 무서운 음모가 도사리고 있습니다. 차별금지법으로 동성애가 창궐할 것이 뻔한 결과입니다." 이는 한국의 보수 개신교계를 대변하는 한국교회언론회가 2020년 5월 12일에 낸 논평 〈차별금지법은 '역차별'을 염두에 두고 있다〉의 일부 내용이다. 보수 개신교계는 성소수자 혐오를 확산하는 데 주요한 역할을 해왔다. 이들은 혐오주의적 성서 해석을 바탕으로 동성애를 인간을 타락시키고 세상의 질서를 혼란스럽게 하는 주범으로 몰아간다.

그나마 다행인 것은 이러한 보수 개신교계를 비판하고, 혐오주의적 성서 해석에 반대하는 내부 목소리들도 분명하다는 것이다. 그중 한 사람인 최종원 캐나다 밴쿠버기독교세계관대학원 교수 또한 공저 《혐오와 한국 교회》를 통해 보수 개신교계를 비판했다. "한국사회 속에서 기독교의 정체성은 그 자체의 가치로 구현되기보다는 기독교가 타자로 규정하는 대상들을 통해서 더 명확하게 보인다. ······ 한국 보수 기독교에서 악으로 상정했던 것이 과거 공산주의·사회주의, 북한, 친북세력이었다면, 오늘날에는 (저 세 가지에 추가하여) 이슬람이나 페미니즘, 성소수자들이 그 타자화의 대상이 되어 있다."(권지성 외, 《혐오와 한국 교회》, 삼인, 2020, 104쪽)

앞서 서울신문이 진행한 설문조사에서도 개신교계의 성소수자 혐오적 인식을 엿볼 수 있었다. 대표적으로 '트랜스젠더가 우리 사회에서 차별받고 있는가'라는 질문에 불교도와 천주교도, 무교는 각각 83.3%, 80%, 75.1%가 '그렇다'고 답했지만 개신교도는 62.8%만이 '그렇다'고 답했다.

과반 이상이 차별을 인식하고 있다는 데서 희망을 엿볼 수도 있지만, 다른 종교인 대비 최대 20.5%나 차이가 난다는 건 보수 개신교계가 오랫동안 앞장서서 퍼뜨려온 성소수자 혐오의 영향을 무시하기 어려워 보인다.

트랜스젠더를 정신질환자로 보는 인식도 이와 비슷한 비율로 개신교 응답자에서 유독 높게 나타났다. '트랜스젠더는 정신질환자가 아니다'라는 문항에 전체 응답자의 73.4%가 동의했지만, 개신교도의 경우 그 비율은 55.2%로 현저히 낮았다. 또한 '트랜스젠더라는 단어를 들었을 때 부정적 단어가 연상된다'는 데 '그렇다'고 답한 비율은 21.3%로 비개신교도 평균(12.1%)의 2배에 육박했다. 개신교도의 36.6%는 '개인에게 특정 성별로 살아가도록 강제할 수 있다'고도 생각했다. 같은 항목에 천주교도 11.1%, 불교도 17.6%, 무교 18.5%가 동의하는 것과 대비되는 대목이다.

트랜스젠더에 대한 이처럼 왜곡된 인식은 실제 인간관계에도 영향을 끼치는 것으로 나타났다. 만약 친한 친구가 트랜스젠더라고 커밍아웃할 경우 어떻게 대하겠느냐는 질문에 대해 전체 응답자의 56.6%는 '이해하거나 지지한다'고 답했다. 천주교도는 71.1%로 가장 우호적이었고, 불교도는 59.3%, 무교 59.9%로 대체로 우호적인 것으로 나타났다. 이 항목에서도 개신교도는 37.2%만이 우호적인 태도를 보이며 확연한 차이를 보였다. 특히 '관계를 끊거나 성정체성을 바꾸도록 설득하겠다'는 응답이 39.9%로 다른 종교인 대비 2배에 이르렀다. 전체 과반 이상이 찬성한 차별금지법 제정에 대해서도 응답자를 개신교도로만 좁히면 찬성률은 36.6%에 그치고 반대율이 43.7%로 치솟는다. 다른 종교나 무교 응답자의 반대 응답률이 10%대에 그친다는 점과 비교하면 매우 큰 차이다.

방관을 끝내야 할 때

성소수자에 대한 혐오세력은 확실히 다수는 아니다. 하지만 이들은 누구보다 적극적으로 성소수자에 대한 공격을 주도하고 있다. 최근에는 청소년 성소수자에 대한 최소한의 보호장치마저 후퇴할 위기에 놓여 있다. 차별금지법에 대한 공격뿐만 아니라 학생인권조례를 폐지하려는 움직임까지 벌어지고 있기 때문이다. 충청남도에서는 충남인권조례와 충남학생인권조례 폐지를 요구하는 주민조례청구로 주민서명이 진행되고 있다. 서울시의회에서도 2022년 여름부터 진행된 서울학생인권조례 폐지 주민조례 청구를 수리해 2023년 3월 조례 폐지안을 발의했다.

교육과정도 후퇴 중이다. 2024년부터 초중고등학교 교과서에 적용될 '2022 개정 교육과정' 개정안에 따르면 '성평등' 용어가 삭제되고 '성에 대한 편견'이라는 표현으로 대체된다. 성적 지향이나 성정체성 등을 포괄할 수 있는 '성소수자' 또한 '성별·연령·인종·국적·장애 등으로 차별받는 소수자'로 그 표현을 바꾸도록 했다. 청소년 성소수자 당사자를 포함한 시민사회의 반대는 묵살됐다. 교육과정을 마련하는 과정에서 보수 개신교계의 입김이 과도하게 작용했다는 비판이 제기된다. 국가교육위원회에서도 같은 비판이 나왔다. 위원 19명 중 대통령과 여당인 국민의힘 등 여권이 추천한 위원(각 5명, 3명)이 많은 데다가 위원 면면이 보수적이라는 비판이 제기된 가운데 개정안은 결국 표결을 거쳐 확정되었다. 전체 19명의 위원 중 16명이 참석한 가운데 12명이 찬성, 3명이 반대, 1명이 기권했다. 단 세 차례 회의만으로 결정을 서두르자 위원 3명은 진행 방식에 반발해 중도 퇴장했다. 청소년 성소수자를 보다 적극적으로 보호해야 한다는 시민들의 소망과는 반대로 제도는 역행을 거듭하고 있다.

그사이 트랜스젠더와 앨라이는 혐오와 차별에 고스란히 노출되었다. 슬씨와 어머니 수현씨는 2018년 제1회 인천퀴어문화축제에 갔다가 처음으로 혐오세력을 마주했다. "사실 외국처럼 총기가 있는 것도 아니니 별로 위협적이지 않을 거라고 생각했는데, 영화처럼 우리를 에워싼 사람들을 보고 충격을 받았어요. 극단적인 표현을 하는 사람들이 아직도 있을 줄 몰랐고요." 슬씨는 당시를 그렇게 회상했다. 기독교단체 등 1000명에 이르는 반대 집회 참가자들은 무대 설치를 방해하거나 깃발, 차량 등을 훼손했다. 축제 참가자들은 욕설과 폭언 등 언어적 폭력뿐만 아니라 성희롱, 물리적 폭력까지 당했다고 호소했다.

이런 상황은 언제쯤 달라질 수 있을까. 슬씨는 "성별정정 이후의 삶도 많이 비춰질 필요가 있다"면서 "포괄적 차별금지법뿐만 아니라 생활동반자법, 동성혼 법제화, 트랜지션에 대한 의료보험 보장 이렇게 네 가지가 다 이뤄진다면 트랜스젠더가 겪는 어려움이 어느 정도 해결되지 않을까 싶다"고 했다. 학교를 떠나서도 고민하던 희원씨는 결국 다시 학교로 돌아가지 않기로 결정했다. 학교는 아직 그에게 안전하고 편안한 공간이 아니기 때문이다. 희원씨는 말했다. "제도의 변화가 없다면 소수자의 삶은 달라지지 않잖아요. 성소수자 학생이 차별받지 않을 권리를 명시하는 학생인권조례와 포괄적 차별금지법은 꼭 필요합니다."

다행히 조금씩 변화의 움직임도 보인다. 가장 최근의 희망적인 대목은 2023년 2월 서울고등법원이 1심 판결을 뒤집고 동성 커플에 대해 국민건강보험법상 피부양자 자격을 인정해야 한다는 판단을 내놓았다는 것이다. 대법원 판결이 남아 있지만 성소수자의 기본권 보장에 관한 논의의 초석이 될 수 있는 결정이라는 점에서 의미가 깊다. 재판부는 판결문 마지막에 이렇게 적었다. "누구나 어떤 면에서는 소수자일 수 있다. 소수자에 속한다는 것은 다수자와 다르다는 것일 뿐, 그 자체로 틀리거나 잘못된 것일 수 없다. 다수결의 원칙이 지배하는 사회일수록 소수자의 권리에 대한 인식과 이를 보호하기 위한 노력이 필요하다. 이는 인권 보호의 최후의 보루인 법원의 가장 큰 책무다."

사전조사를 위해 성소수자부모모임에 갔던 어느 여름 날이었습니다. 취재 방향을 정하지 못한 채 무작정 몇 달째 참석자들에게 명함을 돌리던 때였습니다. 그날도 한 트랜스 여성의 어머니에게 명함을 건넸는데, 그가 자신의 휴대 전화를 꺼내더니 딸 사진을 여러 장 보여줬습니다. 몇 년간 기자 생활을 했지만 인사하자마자 자녀의 사진을 보여준 부모님은 처음이라, 사실 조금은 당황스러웠습니다. 그중 에는 학사모를 쓴 사진도 있어서 막연히 졸업한 딸의 모습 을 자랑하고픈 어머니의 마음이지 않을까 짐작하고는 "늦 었지만 졸업 축하드려요"라고 말을 건넸습니다.

그 순간 그는 제 얼굴을 쳐다보며 말했습니다. "화장 하기 별로 안 좋아하시죠. 저희 딸도 그래요. 치마보다 바 지를 더 좋아하고요. 모든 트랜스 여성이 꾸미는 걸 즐기

는 건 아니랍니다." 그제야 사진 속 화장기 없는 말간 얼굴
이 눈에 들어왔습니다. 그는 왜 트랜스젠더를 취재하겠다
는 여성 기자에게 가장 먼저 딸의 사진을 보여줬을까요. 그
는 아마도 그동안 트랜스 여성을 향해 쏟아진 편견과 혐오
를 누구보다 가까이에서 지켜보았겠지요. 그러한 생각을
하고 나서야 자신의 딸을 비롯한 수많은 트랜스 여성이 다
양한 여성 중 1명으로 마주 대해지기를 바라는 그의 마음
을 이해할 수 있었습니다. 그 뒤로도 성소수자부모모임에
서 비슷한 깨달음을 얻은 순간은 헤아릴 수 없을 정도로 많
습니다. 그분들과 만나지 못했다면, 저희는 아마 청소년 트
랜스젠더 당사자들과의 만남도, 대화도 이어가기 어려웠
을 것입니다. 부끄럽지만 저희 또한 취재를 하기 전까진 그
들의 삶과 일상을 상상하지 못했습니다.

　　취재팀을 만나 자신의 이야기를 들려준 청소년 트랜
스젠더 인터뷰이들에게 깊은 감사를 전합니다. 인터뷰이
를 모집하고자 올린 글에 '인터뷰를 하고 싶다'며 연락해줬
던 한 당사자가 떠오릅니다. 그를 만나기 위해 지방으로 찾
아갔지만 결국 만날 수 없었습니다. 서울로 돌아온 뒤로도
연락이 닿지 않았습니다. 부디 나쁜 일이 아니기만을 바랐

습니다. 앞서 여러 당사자들을 만나면서 이들이 서로에게 하는 인사가 "오늘도 살아남자"라는 이야기를 들었기 때문입니다. 그런 이야기를 들으며, 매일을 분투하며 살아가고 있는 그들에게 트랜스젠더가 처한 현실을 세상에 알리려 하는 우리의 의지가 오히려 부담이 될 수 있을 거란 생각이 든 적도 많았습니다.

법적 성별정정을 마친 트랜스젠더를 만나는 게 더 어려울 거란 이야기를 듣기도 했습니다. 취재 방향을 고민하는 과정에서 만난 이승현 비온뒤무지개재단 이사장은 "트랜스젠더는 누구보다 평범한 삶을 바라는 사람들"이라며 "성별정정 이후엔 사회에 녹아들기 때문에 자신을 드러내고 싶어 하지 않는다"고 일러줬습니다. 갖은 고초를 겪어가며 겨우 얻어낸 평범한 일상은 소중할 게 틀림없습니다. 그들의 삶을 비집고 들어가 과거를 회상하게 하는 일이 과연 옳은 것인지에 대해서도 내내 고민하지 않을 수 없었습니다. 이런 고민 속에서도 다행히 선뜻 목소리를 내준 당사자들 덕분에 취재를 하고 기사를 쓰고 이 책도 엮을 수 있었습니다. 가능한 한 인터뷰이들의 발화를 있는 그대로 전달히기 위해 노력했지만, 누군가는 부족하다고도 생각할 수 있을 것 같습니다. 만약 문제가 되는 부분이 있다면 언제든지 적극적으로 알려주시기 바랍니다.

사회에서 트랜스젠더가 온전히 자신의 삶을 살 수 있도록 하기 위해 오랜 기간 힘써오신 많은 분의 도움이 있었기에 기사와 책을 매듭지을 수 있었습니다. 청소년 트랜스젠더 인권모임 튤립연대, 청소년 성소수자위기지원센터 띵동, 행동하는성소수자인권연대, 성소수자부모모임, 성소수자차별반대 무지개행동, 다움, 트랜스해방전선, 공익인권법재단 공감, 박한희·류민희 희망을만드는법 변호사, 이승현 비온뒤무지개재단 이사장, 이은실 순천향대학교 서울병원 산부인과 교수, 윤정원 국립중앙의료원 산부인과 전문의, 장창현 살림의원 원장, 김종명 서울명정신건강의학과 전문의, 황나현 고려대학교 안암병원 성형외과 교수, 윤현배 서울대학교 의과대학 휴먼시스템의학과 교수, 그리고 선뜻 이 책의 추천사를 써주신 박에디 활동가에게 다시 한번 감사의 마음을 전합니다.

이 책은 독자로 하여금 청소년 트랜스젠더의 삶과 한국의 문제적 현실을 들여다볼 수 있는 계기가 되었으면 하는 바람으로 쓰였습니다. 트랜스젠더들이 더 이상 고통받지 않는 사회가 되길 바랍니다. 성정체성과 성적 지향, 공고한 성별 이분법에 기반한 차별과 혐오가 사라지길 희망합니다. 트랜스젠더가 결코 나와 먼 사람들이 아니라는 마음으로 책장을 덮는다면 그것으로 충분한 시작입니다.

끝 모를 어두운 터널일지라도

더불어 걷는 사람들이 있다면 이야기는 달라진다.

언제 터질지 모르는 시한폭탄은 작동을 멈추고
부정적인 감정도 자취를 감출지 모른다.

"태어난 대로 살라"는 말은 지지의 말로 바뀔 수 있다.
청소년 트랜스젠더들이 있는 그대로의 자신으로 살아갈 기회를 보장하고
앞으로 나아갈 힘을 주는 것 또한 같은 말일 테니까.

언제 빛이 비칠지 모르는 터널을 함께 걷는 이들이 많아진다면

세상은 어느새 달라져 있을 것이다.

이들의 대답을 듣는 것,

거기서부터 우리는 함께 걸을 수 있다.

당신의 성별은 무엇입니까?

□ 여성 □ 남성 □ _____

당신의 성별은 무엇입니까?

초판 1쇄 펴낸날	2023년 5월 8일
지은이	민나리·김주연·최훈진
펴낸이	박재영
편집	이정신·임세현·한의영
마케팅	신연경
디자인	조하늘
제작	제이오
펴낸곳	도서출판 오월의봄
주소	경기도 파주시 회동길 363-15 201호
등록	제406-2010-000111호
전화	070-7704-5240
팩스	0505-300-0518
이메일	maybook05@naver.com
트위터	@oohbom
블로그	blog.naver.com/maybook05
페이스북	facebook.com/maybook05
인스타그램	instagram.com/maybooks_05
ISBN	979-11-6873-057-1 03330

만든 사람들

책임편집	한의영
디자인	studio forb